景氣循環投資

愛榭克（Izaax）◎著

Lesson 1 景氣循環投資法》認識4週期

Lesson 2 景氣循環週期1》復甦期

道瓊3萬點之後
你知道美股牛市會走到哪？

5 years has passed since Izaax's last book. In 2014, the title of my forward for his book "Dow Jones 30,000" was "You will know exactly when the bull market will be". At that time, the Dow Jones was 18,000 points. It was unthinkable to predict Dow Jones 30,000.

Yet, 5 years later, Izaax proves he "knows exactly where the bull market will be." The Dow Jones passed 28,000, marching toward 30,000. It was not an easy prediction. At the end, we have been in the longest bull market in history, and the economy is in late cycle. So much liquidity in the world looking for investments. There has been fear of recession. Interest rates were up quickly, then down quickly again. Will we get to Dow Jones 30,000? And what happens after Dow Jones 30,000?

In 2019, the world market is at play with most interesting backdrop and characters. The uncertainly has never been higher. Will there be a judgment day of US-China trade war in 2020 or the trade war is going to be a way of our life for years to come? Michael Bloomberg's challenge in Trump presidency is making the 2020 election an exciting suspense movie. Climate Change has become reality but no one knows how to fix it. How will persistent forest fire and rising sea water affect our home, our financial holdings? Will there be another banking crisis from mortgage defaulted by rising sea water? Which company will be the survivors of climate risk?

In this complex backdrop, Izaax writes again to share his thinking on what's coming ahead. That is brevity. He could have just enjoyed the success of his Dow Jones 30,000 prediction, after he successfully predicted 2008 financial crisis.

Once again, Izaax writes in his plain but crystal-clear language, backed up his rigorous, quantitative analysis. He not only analyzes the economic figures, he deepens his analysis on the political play of the economy. I enjoy reading Izaax's new writing, with growing maturity and deepened perspective of the world. I enjoy reading his books as if I am watching a chess play.

Congratulations to Izaax. And for me, I am happy to discover a hidden (may be not anymore given his popularity) financial talent born, raised, self-taught in Taiwan, who loves sharing his knowledge with the world.

　　自 Izaax 上本著作出版已超過 5 年。2014 年，我為他的著作《道瓊 3 萬點：你不可錯過的世紀大行情》所撰寫推薦序的標題為「你將準確知道美股牛市走到哪」。當時的道瓊工業平均指數是 1 萬 8,000 點，坦白說，預測道瓊工業平均指數將上攻 3 萬點是難以想像的。

　　然而，5 年過後，Izaax 證明了他「的確知道美股牛市會走到哪」！道瓊工業平均指數目前已破 2 萬 8,000 點（編按：道瓊工業平均指數 2019 年 11 月 29 日收盤指數為 2 萬 8,051 點），正朝向 3 萬點邁進，這並不是簡單的預測。到頭來，我們經歷了史上走得最長的牛市，而景氣也已來到了後期循環。

　　全球有許多的熱錢正在尋找投資的機會，也有著對景氣衰退的擔憂。利率一度快速地爬升，又快速地下降。我們有機會看到「道瓊 3 萬點」嗎？而道瓊 3 萬點之後，又會發生什麼事呢？

　　來到 2019 年，全球市場與許多人物處於一個相當有意思的背景之中交互影響。對於前景的不確定性日益高漲。美中貿易戰於 2020 年是否會迎來最終審判日？抑或貿易戰在往後幾年將成為我們生活中的一部分？麥克・彭博（Michael Bloomberg）對唐納・川普（Donald Trump）於總統大選發起的挑戰，讓 2020 年的選戰看來像是一部懸疑片。氣候變遷已成為事實，但沒有人知道該如何解決。常年的森林大火和海洋水位上升將會如何影響我們的家園和我們

的財務？海洋水位上升是否會造成另 1 次銀行貸款違約的金融風暴？哪些公司會是氣候變遷危機下的生還者？

　　值此複雜的時空背景下，Izaax 再次提筆與讀者們分享他對將來的看法。這是很難能可貴的。畢竟，繼成功預測 2008 年的金融風暴之後，他大可輕鬆享受著對道瓊 3 萬點預測所帶來的成就。再一次，Izaax 用他樸實但十分清晰的文字，佐以其嚴密的量化分析來寫出這本書。他不僅針對經濟數據進行分析，更配合對政經局勢的看法來深化他的研究。我十分享受閱讀 Izaax 的新書，以及其對世界更加成熟和深入的看法。閱讀他的著作所帶來的樂趣，就如同我在觀賞 1 盤棋局一樣。非常恭喜 Izaax 的新書出版。對我來說，很高興能找到 1 位台灣土生土長，自修而成的低調金融人才（以他的名氣來看可能已經無法低調了），並樂於向全世界分享他的知識。

鋒裕匯理資產管理公司北亞區機構業務董事總經理

Managing Director

Head of Institutional Business, North Asia

Amundi Asset Management

Vanessa Wang 王靜雯

掌握景氣循環
創造最穩健獲利

猶記我 2007 年初入市場擔任總經研究員時，Izaax 的文章便是我每週必讀之選。當時我們正在經歷數十年來最大的循環波動，許多經濟數據如房貸違約率、房屋庫存月數等，已經透露出風暴前的端倪！

我看著他精準於 2008 年用總體經濟指標預測金融海嘯，率先提醒市場出清持股；隨後，正當所有人陷入恐慌時，他再次運用總體經濟以及美股價值的分析，於 2009 年建議大家勇敢進場。現在想起，仍有身歷其境之感。而與他一起歷經的這場風暴，也成為我創立「財經 M 平方」的關鍵初衷！為什麼總體經濟重要？我認為有 3 大原因：

1.看懂總體經濟就能鑑往知來，掌握未來趨勢

根據過往數十年的歷史，景氣循環不斷重演，如 2008 年金融海嘯，就是面臨 18 年 1 次的房地產泡沫。再回推 18 年前，儲貸風暴也同樣起因房市崩盤，全球景氣陷入衰退（編按：發生於 1980 年中期～ 1990 年中期，當時因美國

升息，而美國儲貸協會（Savings and Loan Association，簡稱 S&Ls）是吸收短天期存款並提供長天期、固定利率房屋抵押貸款的金融機構，因大量流失存款，被迫折價賣出抵押債券以因應提領潮。同時也因為升息而使存款利率升高，但是貸款利率卻不變，使得儲貸協會陸續陷入虧損。而後隨著美國房市下滑，危機更趨嚴重，最後造成大量儲貸協會機構倒閉）！

而當今美元強勢，則歸因於 16 年 1 次的美元循環；像極了 1990 年代末期，同樣因美國升息，資金撤出新興市場造成隱憂，聯準會轉為進行預防性降息。你會發現，當確認目前循環，便能回推過往事件，進而找出相同與相異處，對未來進行預測！

2.看懂總體經濟，就能解讀全世界股市、匯市、債市及原物料

著有《一個投機者的告白》知名暢銷書系列的傳奇投資人安德烈・科斯托蘭尼（André Kostolany）說過：「所有投資的核心準則，都在確認目前處在什麼樣的位置。」

當我們確認位置的同時，也就同步確認了適合配置的商品！如成長擴張時期，適合投資全球股市、新興市場債；衰退時期，適合布局公債、美元（現金）、黃金等。而受益於 ETF（指數股票型基金）的發行，讓我們的投資能夠放眼全球，在最好的時刻，做出應有的資產配置。

3.掌握總體經濟，就能掌握財富重分配的時刻

美股至今呈現一個百年多頭趨勢，平均年報酬率可達 10.69%，總計 147 個年度裡，僅出現 40 次年報酬為負。然而，每每達到景氣衰退的時期，所創造出的負報酬多則高達 5 成～ 6 成，一夕間便能讓人傾家蕩產！反過來說，若你能於這個財富重分配的時期預備好現金，在市場最恐慌的時刻進行壓注，則能享受最豐富的果實。

「循環為主、數據為輔」一直是財經 M 平方的研究核心，當我發現 Izaax 本書同樣以景氣循環為出發時，實在難掩心中興奮！本書將上述所提及的總體經濟 3 大重點做出非常詳細的解說。一開始便從景氣循環投資方法的優勢說起，從中發現總經結合主動與被動的投資方法，即可創造出最穩健的獲利！

再者，他分別簡介 4 大景氣循環週期：復甦、成長、榮景、衰退，並說明各階段適合投資的標的與注意事項。例如復甦期只要確立 4 指標，便應勇敢布局股市；成長期更只要確認 4 大現象，便能多方延伸投資觸角，如高收益債與初期的原物料市場；榮景期則須把握 7 指標確立結束的關鍵時點，於此時勇敢降低持股部位；衰退期則要留意衰退確認以及落底反轉的訊號，掌握財富重分配的重要時機。

在最後，也是最重要的 1 課中，Izaax 則精闢分析本波榮景將可能於何時結

束，並且提出美國延續榮景的 4 大關鍵，扮演關鍵人物的唐納・川普（Donald Trump）將會如何因應，非常值得所有投資人參考。

股神華倫・巴菲特（Warren Buffett）曾說：「唯有潮水退去，才會知道誰在裸泳。」當榮景從燦爛走向黑暗，循環到最終，仍舊抵擋不過人性的貪婪，逐漸走向泡沫與崩盤；本書提醒著我們，面對未來，何時應該收手，應該如何做出最適宜的投資決策。財經 M 平方的初衷，是致力將總經邏輯和數據發揚給更多大眾投資人，讓更多人能打開眼界、布局全球。也真心感謝市場上有 Izaax 這樣的先驅與導師，讓我們在這條路上不孤單！

他的第 1 本著作《經濟指標告訴你 & 沒告訴你的事》早就成為財經 M 平方的夥伴們加入前必讀的書籍，而我更推薦這本《景氣循環投資》給各位！無論如何，都想要讓更多朋友透過這本書，掌握住景氣循環的變化，進而掌握正確的投資方法，最終為自己的投資負責！Izaax 長期對總經觀念的傳導與付出，可謂台灣大眾投資人的福音！再次感謝 Izaax ！

財經 M 平方創辦人 Rachel Chen

Rachel Ch

提前避開崩盤
成功參與長多行情

認識 Izaax 是 2012 年的事了，那年也正好是我的投資報酬率開始明顯提升的一年。事後來看，若沒有 Izaax 的總經分析，我的累積投資報酬率恐怕要少掉一半，一點都不誇張。

總體經濟分析的用途極廣，例如對於機構法人投資者、金融授信者等金融從業者，無論是研判大盤趨勢、選股、投資債券、原物料等，只要用對經濟指標，就能領先市場，做出正確的投資布局。對於企業經營者，若能利用經濟指標判斷整體產業趨勢，更能因應環境變化，做出相應的營運決策。

對我這個股票投資人而言，總經分析的主要目的有 2 個：「趨吉」與「避凶」。

1. **趨吉**：最重要的是幫助我選股，我會從 Izaax 每月雜誌專欄或部落格文章中尋找方向。像是 2012 年起，他先後在專欄中提出美國車市復甦、房市復甦、東南亞國家崛起等趨勢，我馬上在台股當中找尋相關供應鏈；再從基本面與財

務面抽絲剝繭後，買進有潛力的股票。回顧這段期間的投資，不乏有數檔股價上漲倍數以上的公司。

2. 避凶：則是順利幫助我避開崩盤時刻。2015 年 4 月，台灣加權股價指數一度漲至近 1 萬點，當時我的持股比重已不到 3 成。同年下半年，中國發生股災，也連帶引發台股從萬點跌破 7,500 點；由於先前維持低持股，讓我此刻能用手中充沛的現金從容布局，將持股水位加回 100%，成功參與緊接而來的台股長多行情。如果對於總體經濟方向缺乏概念，在高點時沒有減碼，那麼在大盤崩跌時就無法勇敢加碼，反而是要被迫停損了。

總體經濟分析不是短時間就能學會的功夫，而 Izaax 的精闢分析，可謂是指引市場趨勢的 1 盞明燈。他在不定期的講座、每月雜誌專欄裡，都會針對近期重要總體經濟事件或指標深入分析，指引未來的可能走向。

此外，他先前 2 本著作《經濟指標告訴你＆沒告訴你的事》、《道瓊 3 萬點：你不可錯過的世紀大行情》，也已經幫讀者打好基礎，包括總體經濟指標的意義與應用、歷史案例探討等；並對世界各大重要國家、重要投資標的（如股市、債市、原物料等）的過去幾年發展與未來可能走向，做出深入分析與走勢推測。

每次閱讀 Izaax 的推論，都覺得精彩絕倫，事後驗證的準確度也相當高。相

信讀者一定跟我有相同的疑問——作者到底是怎麼想到這些內容的？怎麼知道什麼時候要運用哪些總經指標？這次拉回就是買點，那下次呢？答案全都在這本新書裡，作者把他研究總體經濟的精華知識，都融入了他的「景氣循環週期」理論當中。

當得知 Izaax 第 3 本著作的主題是「景氣循環投資」時，我的情緒是有點複雜的；老實說，我的書架上，還擺著 3 本～ 4 本跟景氣循環有關的投資書籍，但沒有 1 本是看完的，而且都看得相當痛苦。主因是這些書籍內容都是長篇理論，並且充滿龐雜的背景知識與歷史事件、複雜的系統圖形等。

然而，收到主編寄來本書的試閱文稿後，我竟然一口氣看完了！內容不僅清晰流暢，且完全由投資實戰角度切入！原來，只要觀察各個總體經濟指標的走向，就能夠判斷現在正處於景氣循環的哪個位置、要如何做出最佳的投資決策。

更驚喜的是，作者完全不藏私，他將書中多數的圖片來源，都附上了來源網址；未來，我們只要按圖索驥，注意作者在書中提到的特定指標變化，就能提前預判趨勢，做好調整資產配置的準備。

由於工作的關係，我常會與許多自詡「價值投資者」的投資人接觸；我也發現，價值投資者的投資方法，很容易出現 2 個誤區，而本書也正好提供了解決

方向：

誤區1》只要定期定額存股、買進ETF，必有可觀的報酬

會有這種想法的投資人，股齡可能都不超過 10 年。Izaax 在本書第 1 課～第 3 課以歷史資料證明，若你開始定期定額投資 ETF（美國 S&P 500 指數）的時間是在 1993 年，存了 10 年後，你的年化報酬率竟比不上定存。更慘的是，若你開始存的時間是 1999 年，10 年後你的年化報酬率會是負數！

要如何避免這種慘劇發生呢？只要運用本書第 1 課介紹的景氣循環投資法來加減碼，也就以長期投資為主，期間簡單的調整持股比重即可。

誤區2》景氣早已過熱，我要空手等崩盤再進場

有一個朋友在 2011 年時跟我說，他覺得金融海嘯過後已經進入第 3 年了，高點差不多就在這了（當年最高點為 2011 年 2 月的 9,220 點，年底收盤指數為 7,072 點），他要等台股崩到 4,000 點再進場！可惜的是，他從 2011 年等到 2019 年都沒等到。殘酷的是，他並沒有避開崩盤，卻避開了台股歷史以來最長的多頭。

其實，只要套用本書的景氣循環週期理論即可發現，2011 年上半年，景氣還處在復甦期啊！連成長期都還沒到，更別說接下來還有最值得期待的榮景

期！只要能搞懂景氣循環週期，就能夠避免追高殺低、過早看空等憾事發生（本書雖以美國經濟為背景，然而美國是全球經濟的火車頭，台股也有許多美國企業的供應鏈，因此台股與美股有高度連動，本書對於台股投資人而言極具參考價值）。

　　最後藉由這個機會，感謝 Izaax 近 10 年來在投資路上對我的幫助；我相信本書也同樣能對每個投資人有極大的助益，在此鄭重推薦給大家。

台灣最大基本面投資平台 財報狗

財報狗

掌握趨勢、穩定獲利
讓幸福來敲門

「人生的這個時刻,這個小時刻,叫做『幸福』。」(This part of my life, this little part, is called "Happiness".)

——節錄自電影《當幸福來敲門》(The Pursuit of Happiness)

從 2012 年出版第 1 本投資專書開始,只要有讀者拿書給我簽名,我總會寫上 8 個字:「掌握趨勢、穩定獲利。」這 8 個字,相信是大家投資路上的最大夢想,也是我對自己的深切期許。十多年公開著述,我時刻將這 8 個字銘記在心,務求每篇分析評論,都能不負市場信任和託付。

在第 1 本著作《經濟指標告訴你 & 沒告訴你的事》,我提出要成為投資「長期贏家」,關鍵在於掌握長期趨勢所在;而到了第 2 本書《道瓊 3 萬點:你不可錯過的世紀大行情》,我提到了「優雅的幸福投資學」。要讓幸福投資成為

生活一部分，不再七上八下隨著市場起舞，影響生活品質。公開著述的十多年來，我始終身體力行，讓操作能緊貼自己的投資哲學和相關研究分析，如今回顧成果，相信沒有辜負這兩本書當時所承諾要帶給大家的投資境界。

20年來，我從一位學生，再到上班族；從散戶投資人到離開職場自行創業，成為專業操盤手，再到如今成為擁有數間跨國公司的業主。逼近不惑之年的現時，達成了財富自由的夢想。這一切的一切，都要歸功於總體經濟和資本市場所帶給我的豐盈回報。

這一路上是如此的優雅順利，又是如此的艱辛不容易，其中心路歷程和決策依據，都統整匯集於此書。決定勇敢和大家分享的動力，來自我始終堅信——未來的10年、20年、30年，甚至更久的未來，只要忠實依照本書的路徑，順利掌握景氣循環的長期趨勢，投資穩定獲利就能成為「常態」。

自序的最後，要先感謝為此書能順利出版奉獻心力的《Smart智富》編輯群，謝謝你們「容忍」我的寫作彈性，希望一路上沒有造成你們太大的困擾。再來，也要感謝殷殷期盼本書出版的總體經濟分析投資同好，本書出版確實延宕許久⋯⋯，讓你們久等了！相信本書內容，不會讓你們失望的。

同時，更要深深感謝我的客戶和投資人，長期支持我們潛心研究並給予指導。

一路上，若無你們的體諒和全力支持，本書勢必無法以如今這樣完美樣貌順利出版。

感謝我的父母，謝謝你們長期理解我、支持我、無怨無悔地當我最佳後盾。今日我若能有絲毫成就，都要歸功於你們。

謝謝我 2 個可愛的女兒—— Winni 與 Eunice，你們是老爸最佳靈感來源，當我寫不下去的時候，你們天真的笑容，慧黠的童言童語，總能助我順利突破瓶頸。這本書的出版日訂在耶誕節前夕，希望這將是你們收過最好的耶誕禮物之一。

Shelly，謝謝你的愛和溫暖，人生有你的每個時刻，都是「幸福」！

人的一生，能夠奉獻的東西如同滄海一粟。謹以此書，送給全世界希望追求幸福的每個人。希望能在每個投資的重要時刻⋯⋯，每個小時刻，略盡棉薄之力，為您帶來「幸福」！

愛榭克（Izaax）

總體經濟景氣循環
是優雅投資的基礎

　　有人說，身為作者、研究者、分析師或是操盤手，最怕的就是回頭看自己幾年前寫過、評論過的東西。因為可能會看到很多不成熟、漏洞百出，甚至嚴重錯誤的文章，恨不得除之而後快。

　　不過，對我來說，針對自己的逐篇分析文章，不斷地回顧並檢視，是對自己最大的自我要求和督促。自 2007 年在批踢踢實業坊（PTT）開始公開研究心得以來，到 2008 年部落格（Blog）開版（陪大家走過金融海嘯的腥風血雨），再到 2009 年開始在《Smart 智富》月刊專欄撰文提供趨勢分析。轉眼間，十來年就這麼過了。

　　十多年來，這數百篇的分析文章，最讓我欣慰的是，幾乎沒有讓我恨不得「除之而後快」的內容。這些文章、過往的交易對帳單、自身事業的蓬勃發展，以及更重要的——能一路和相當多志同道合的朋友一同成長、獲利，成就我個人這十多年來最美好的回憶！

從 2012 年出版第一本書開始，心中就埋下一項計畫，也可以說是承諾——我要完成 3 本著作，將分為 3 部曲，分別揭示未來至少 10 年間，美國總體經濟及股市的推演：

第 1 部曲》預告 2012 年～ 2015 年美股多頭走勢

第 1 本著作《經濟指標告訴你 & 沒告訴你的事》，是從初學者的角度出發，整理 Izaax 的總體經濟分析心法，告訴大家，為何我能夠順利躲過金融海嘯（並從中獲利），並在接下來谷底揚升的大牛市中勇敢入市？當然更重要的，不能只是「考古」，我必須告訴大家，當資本市場和經濟逐漸回復正軌之後，接下來投資應該怎麼布局？第 1 本著作在 2012 年 4 月出版，書中揭示「多頭行情正開啟，要緊抓歐巴馬時代的榮景，美股將一路不回頭，至少漲到 2015 年！」實際印證，從此書出版後的 2012 年 6 月底開始計算，截至 2015 年底，上述美國道瓊工業平均指數（Dow Jones Industrial Average Index）、那斯達克（Nasdaq）綜合指數在 3 年半的時間，分別有 35%、70% 的漲幅，十分驚人。

第 2 部曲》2014 年預告 3 年～ 4 年後道瓊指數上看 3 萬點

進入 2013 年下半年，多頭行情已經走到中段，市場進入穩定成長期，整體

牛市仍未停歇；但是，市場開始出現相當多的疑慮，宣稱「市場即將反轉」的呼聲不絕於耳。尤有甚者，有非常多的雜音現身「恐嚇」市場，告訴你「行情崩潰在即」！

特別是當時間點即將迫近我原先規畫的 2015 年轉折年時，我想我應該有這個責任，來指引市場，接下來，大趨勢要怎麼走？在仔細盱衡總經全局後，我打算堅定地告訴大家：「勇敢做多，持續布局。」因為接下來的美股，將漲到難以想像的位置（詳見圖 1）！

於是，2014 年 3 月，我的第 2 本著作《道瓊 3 萬點：你不可錯過的世紀大行情》出爐了；書裡明確告訴了大家──美股波瀾壯闊的大牛市，才要發威。相關文字摘錄菁華如下（摘自《道瓊 3 萬點：你不可錯過的世紀大行情》第 179 頁、第 181 頁）：

「美股水平從企業獲利的角度來看，分別較小布希、雷根和柯林頓 3 位總統任內高點低估了 3 成、4 成和 7 成！若以 2013 年第 3 季道瓊工業平均指數在 1 萬 5,000 點價位計算，合理的長線多頭滿足點將為 2 萬 1,428 點、2 萬 5,000 點和 5 萬點！」

「換言之，此次的多頭行情，極有可能重演的，是柯林頓時期的榮景。那麼，

2014年出書預告美國牛市，美股如預期展開長多
——美股3大指數報酬率變化

2014年3月底～2019年11月，美股3大指數分別上漲66.2%（道瓊工業平均指數）、63.8%（標準普爾500指數）、99.7%（那斯達克綜合指數）

註：資料統計時間為2014.03.31～2019.11.01   資料來源：Yahoo! Finance

搭配企業獲利指標，就不難推演出，3年～4年後的本波牛市終點，可能不是2萬1,000點，也不是2萬5,000點，而是接近3萬點，甚至更高的位置！」

　　轉眼間，時間來到2016年末，道瓊工業平均指數已抵達該書當時所設定的2萬1,000點的低標。2018年初，更是攻上2萬6,000點（突破2萬5,000點的合理中值目標）。也就是說，短短3年～4年間，對於所有相信該書的讀

者來說，無不收穫滿盈，可以說，我的責任已經盡了！

事實上，無論是 2007 年開始看 PTT 文章、2008 年開始讀 Blog 和 2009 年開始看《Smart 智富》月刊專欄、2012 年我的第 1 本著作與 2014 年第 2 本著作的讀者，一路走來，想必輕鬆自若，因為市場行情如劇本照表操課；換言之，投資只要抓住總體經濟大趨勢方向，獲利就是這麼簡單，無須跟著市場情緒起舞，這正是我努力想帶給大家的「優雅投資」境界。

第 3 部曲》掌握景氣關鍵轉折點，榮景結束前安全退場

美好的樂章不能在這裡停下來，因為接下來，才是最重要的關鍵，也就是第 3 階段——如何帶領大家，走進、走過和最終平安走出這個最後的泡沫榮景？

我們不但要在市場的末升段激情中繼續獲利，更要懂得在曲終人散時順利退場，甚至坐上馬車，提早邁向下一個安全的應許之地，持續品嘗甜美的果實！

在我的總體經濟投資 3 階段中，《景氣循環投資》是繼《經濟指標告訴你 & 沒告訴你的事》和《道瓊 3 萬點：你不可錯過的世紀大行情》之後，最重要的 1 本著作。本書詳細剖析景氣循環各階段的遞嬗原理，以及對應的投資方向；最終，你可以在掌握重要轉折密碼的同時，領略到「景氣循環投資法」的穩定

性、前瞻性和可操作性。

　置身投資市場 20 年，我始終堅持專一信念：「掌握了總體經濟、就掌握了景氣循環；而掌握了景氣循環，就掌握了投資方向；而有了投資方向，獲利自然是水到渠成！」

　本書作為總體經濟投資 3 階段的最後階段，是我窮盡前半生研究景氣循環週期的心血結晶，謹此呈現予你；希望能讓你在總體經濟研究和資產投資的路上有所依循、如虎添翼！

景氣循環投資法》
認識4週期

掌握景氣循環規律
讓客觀數據說話

1-1

> 「要我說，我認為現在股市已經打到 8 局了。問題是，股市不是棒球賽，你不知道後面還有幾局。有可能 11 局，或是 14 局。」（And now I would say we're in the 8th inning. However, we have to notice that this isn't baseball, and we don't know how many innings there will be. There could be 11, there could be 14.）
>
> ——霍華‧馬克斯（Howard Marks），2018 年 7 月 18 日

　　了解、掌握景氣循環，是 1 項「知易行難」的任務。就像股票投資一樣，常有人笑談，怎麼賺錢？簡單啊！「低買高賣」，就一定賺錢了。

　　問題是，何謂「低」？何謂「高」？理論上的低買高賣，到了實務上往往變成「低還有更低」、「高還有更高」，最後心志動搖之後反變成「追高殺低」！景氣循環也是一樣，理論上，投資人只要在景氣循環的早期，勇敢入市；到了

末期，勇於出場。掌握了長期大循環，就能夠攫取莫大的長期投資收益。

但實務上，我們卻總是看到層出不窮的誤判，而這些誤判的投資人，都不是等閒之輩。例如 2000 年在那斯達克（Nasdaq）綜合指數崩壞的前夕，半導體教父、台積電（2330）創辦人張忠謀曾說：「半導體產業的景氣看不到一片烏雲。」

而在金融海嘯發生的 2008 年底，電子業代工霸主、鴻海（2317）創辦人郭台銘，在接受媒體訪問時也語出驚人：「（不景氣的問題）還要再把它擴大 3 倍，最糟的還沒來。」但是，隔年台股卻是大漲逾倍，經濟增長突破雙位數！

甚至，曾任美國國家經濟研究局（National Bureau of Economic Research，簡稱 NBER）局長，專精美國經濟循環的哈佛大學教授馬丁・費爾德斯坦（Martin Feldstein），也曾於 2009 年中表示：「2010 年美國經濟可能面臨二次衰退。」結果，美國的景氣擴張從 2009 年迄今，已成為 1 世紀以來最長的景氣擴張期。為什麼這些高手們，會誤判情勢至這步田地呢？

極度樂觀與悲觀時，主流看法經常鑄下大錯

其實，誤判趨勢和股市投資有著異曲同工之妙，人的理性邏輯思維，應用到

對實體經濟和資本市場的預測上，並不如一般所想的那麼客觀；相反地，人們極易受到當時的普遍情緒氛圍所影響，進而發生「從眾效應」。因此，當經濟數據和市場走勢走向正面時，所有的理性分析看法也會開始轉趨樂觀，而當這兩者反轉走壞時，市場的看法也會開始大逆轉。

通常市場極度樂觀或悲觀時，就是所謂的「主流看法」要鑄下大錯的時候了！差別在於，因為人性使然，極度樂觀氛圍的建立，通常需要相當長的時間醞釀和培養；但是，恐慌悲觀的情緒卻非常容易發生，追根究柢，這和人的自我保護意識有關。

因此，當 2007 年美股創下歷史新高的同時，我在批踢踢實業坊（PTT）和部落格（Blog）撰文呼籲要避開所有風險資產；以及 2009 年美國道瓊工業平均指數（Dow Jones Industrial Average Index）跌落 7,000 點之下，我卻向大家呼籲，這是買進美股最好的 1 年時，憑恃的並不是和市場對作的無謂勇氣，而是摒除市場雜音，用純粹理性、不帶情緒的分析模式，所得出的客觀結論。

接下來，本節就要開門見山地帶大家深入認識景氣循環的 4 大週期。畢竟，唯有徹底搞清楚景氣各階段的樣貌及其輪替模式，才有可能在精準的數據解讀協助下，確認身處於不同景氣位階時，應該採取何種投資策略，有效地讓獲利最大化，並且趨吉避凶！

　　而在深入各細部景氣循環週期的論述前，要先來簡單介紹傳統景氣循環理論常見的樣貌。

傳統景氣循環 3 大理論，過度重視「收縮期」

　　查閱過去有關景氣循環的傳統理論，關於景氣循環的分期，有非常多分法，例如有分為 2 個週期（收縮、擴張）、3 個週期（衰退、復甦、繁榮）、4 個週期（擴張、危機、衰退、復興）、還有 5 個週期（衰退、觸底、復甦、繁榮、觸頂）等。

　　以下僅介紹其中最具代表性的 3 種景氣循環理論：

理論1》西斯蒙第景氣循環概念

　　首先來看，率先提出景氣循環概念的法國經濟學家西斯蒙第（Jean Charles Leonard Simonde de Sismondi），如圖 1 所示，他以經濟學方法來驗證資本主義因為消費不足的關係，難以避免會週期性出現經濟危機，進而產生景氣循環。西斯蒙第的景氣循環二分為「復甦期」和「衰退期」，在這 2 個週期遞嬗之間會出現峰頂和谷底。

　　而另外 2 種非常為人熟知的 4 階段景氣循環週期理論，則是來自法國經濟學

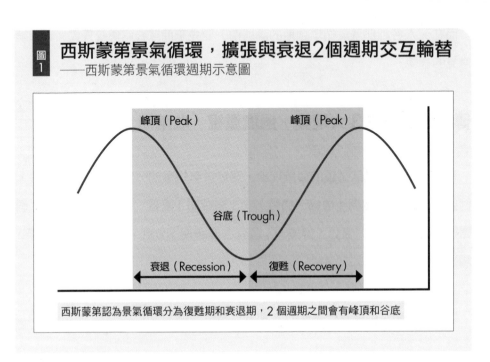

圖 1

西斯蒙第景氣循環，擴張與衰退2個週期交互輪替
——西斯蒙第景氣循環週期示意圖

峰頂（Peak）　　　　　　　　峰頂（Peak）

谷底（Trough）

衰退（Recession）　　　復甦（Recovery）

西斯蒙第認為景氣循環分為復甦期和衰退期，2 個週期之間會有峰頂和谷底

家朱格拉（Clément Juglar）的「朱格拉週期」，以及前蘇聯經濟學家康德拉季耶夫（Nikolai Kondratieff）的「康德拉季耶夫長波理論」（常簡稱為「康波理論」或「康波週期」）。

理論2》朱格拉週期

「朱格拉週期」主要為 1 個歷時約 7 年～ 11 年的固定資產投資循環，帶動的景氣週期分別為擴張、爆發、衰退和蕭條（詳見圖 2）。

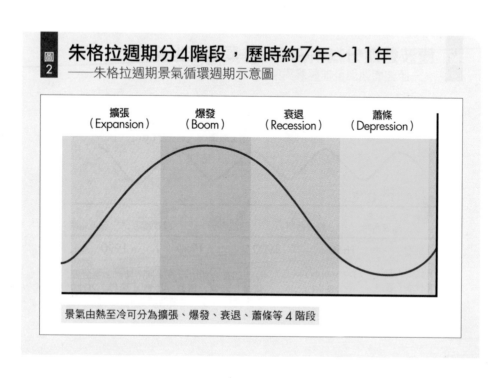

圖2
朱格拉週期分4階段，歷時約7年～11年
——朱格拉週期景氣循環週期示意圖

| 擴張
（Expansion） | 爆發
（Boom） | 衰退
（Recession） | 蕭條
（Depression） |

景氣由熱至冷可分為擴張、爆發、衰退、蕭條等 4 階段

理論3》康波週期

「康波週期」則是聚焦於更長週期（45 年～ 60 年），是藉由人類科技演進帶動的大波段景氣週期循環，在每個長週期波段裡，則細分為 4 階段，分別為繁榮、衰退、蕭條和復甦（詳見圖 3）。

當然，本書聚焦的不是要深入探究各家學派的理論，舉這些例子出來，是要當個引子來接著對照、闡釋我所使用和定義的景氣循環理論。若要應用經濟學

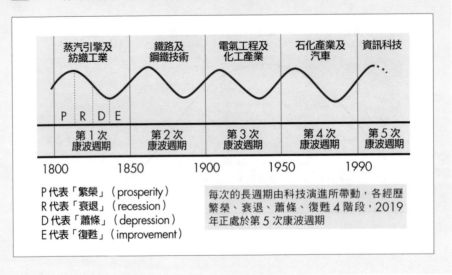

圖 3 **康波週期分為4階段，各長達半世紀**
──康波週期與全球經濟對照圖

| 蒸汽引擎及紡織工業 | 鐵路及鋼鐵技術 | 電氣工程及化工產業 | 石化產業及汽車 | 資訊科技 |

P R D E

| 第 1 次康波週期 | 第 2 次康波週期 | 第 3 次康波週期 | 第 4 次康波週期 | 第 5 次康波週期 |

1800　　　　1850　　　　1900　　　　1950　　　　1990

P 代表「繁榮」（prosperity）
R 代表「衰退」（recession）
D 代表「蕭條」（depression）
E 代表「復甦」（improvement）

每次的長週期由科技演進所帶動，各經歷繁榮、衰退、蕭條、復甦 4 階段，2019 年正處於第 5 次康波週期

理論到實際的投資行為上，適當調整是必要的。

　　仔細探討傳統經濟學領域的景氣循環週期理論（如前述 3 大理論），細心的讀者會發現有 1 個共通的特點，這些理論若不是將成長和衰退放在二元對立面，並強調各占其半的重要性；要不就是在 4 階段循環裡，過度放大收縮、衰退、蕭條等偏向負面的週期概念。這符合實際情況嗎？讓我們看看美國過去 70 多年來的歷史經驗。

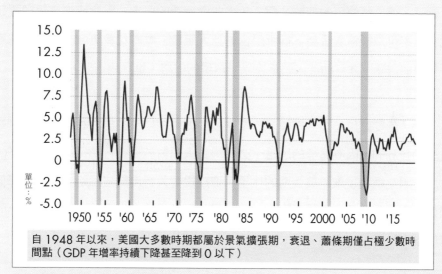

 近70多年，美國大多皆處於景氣擴張期
——美國實質GDP（國內生產總值）年增率變化

自1948年以來，美國大多數時期都屬於景氣擴張期，衰退、蕭條期僅占極少數時間點（GDP年增率持續下降甚至降到0以下）

註：1.實質GDP（國內生產總值）年增率為經濟成長率；2.資料統計時間為1948.01～2019.07；3.灰底為景氣衰退期間
資料來源：美國聯邦儲備銀行經濟資料庫（Federal Reserve Economic Data）

　　圖4是美國自1948年以來的經濟成長率走勢圖，發現理論和實際情況顯著落差了嗎？過去這段期間裡，可以看到無論是衰退、收縮或蕭條等週期，占整體經濟運行的時間軸比重，加總之下都是相當短暫的。

　　換句話說，這70多年來絕大多數的時間，美國的總體經濟都是處於成長、擴張週期，這個現象在最近半個世紀更為明顯。景氣收縮的時間軸和頻率不斷

的收窄和降低，取而代之的是綿長的景氣擴張期。

　　當然，傳統經濟學的理論，會去放大收縮週期的概念，用意或許是想提醒研究者，不可忽視每次景氣下行所隱含的巨大風險。唯有花費更多心力去研究景氣衰退的內涵，才有助於人們掌控景氣循環的脈絡，進而趨吉避凶。

　　然而，若要應用到投資領域，那麼過度放大收縮循環的角色和占比，其實是有弊而無利的。因為這樣的思維，必將導致人們對於投資行為採取過度保守的態度（因為縮小了景氣擴張期的比重，造成投資人過度關注風險），進而降低積極投入風險資產的誘因和動力，最終錯失了在景氣長期擴張週期下，隨之而來的龐大投資收益。

「Izaax 景氣循環週期」重新詮釋景氣循環

　　因此，為了避免這樣的弊病，我重新調整了能契合景氣循環和投資行為的改良型景氣循環週期（詳見圖 5）。在重新詮釋下的景氣循環中：景氣循環的各階段，是從衰退期後的落底、景氣逐漸復甦、而後逐漸上軌道，接著進入了穩定成長期；隨著景氣的進一步升溫，於最後階段進入榮景期。

　　在榮景期走到過熱的高峰，最終觸發泡沫經濟破裂，而後進入衰退期，周而

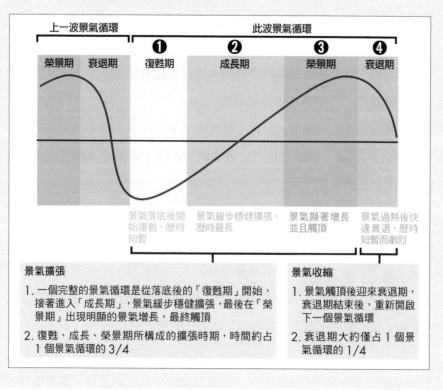

圖 5

景氣收縮的衰退期僅占景氣循環週期1/4
——Izaax景氣循環週期示意圖

復始。

從圖 5 可以清楚看到，景氣收縮的衰退期短暫而劇烈、隨後的復甦期短而落

底跡象明顯、成長期綿長而緩步穩健擴張、最後的榮景期則增長動能見頂跡象顯著。經此調整後，你會發現，這樣的景氣循環週期所呈現的樣貌，顯然更符合圖 4 實際的 GDP（國內生產總值）增長趨勢。

　　更重要的是，代表成長且適合進行風險性資產投資的擴張階段，在傳統的景氣循環理論當中，可能僅占整個週期的 1/4、1/3 或 1/2；然而經過重新定義後，擴張階段（包含復甦、成長、榮景等 3 個週期）占整體週期的比重，一舉上升變成了 3/4！這顯然更符合過去數十年間，總體經濟循環和資本市場長期趨勢的對應關係！

　　由於美國的經濟數據最為完整和齊備，因此本書 4 大週期的分析將聚焦美國。接下來我將進一步剖析在美國歷史框架下，過去數十年來的景氣週期更迭情況。此外，這裡還有 2 項有關景氣循環週期的先備規則，要先請大家牢記，這將是接下來相關的經濟分析和投資策略擬定的最重要基石：

　　1. 景氣循環週期運行有其脈絡，4 階段為順向按部就班出現，不會跳躍、逆行或略過。

　　經濟運行就像一輛前進中的火車，加減速都需要非常大的動能刺激，因此進入某一階段之後，不會驟然改變。例如不會出現衰退期進入復甦期之後，突然

又走入衰退期；或是榮景期之後，又化險為夷重回健康的穩定成長期；或是平穩的成長，永久都不走入衰退。

2. 各週期長度與強度沒有一定，不可預設立場，而應讓客觀的數據來說話！

無論是景氣擴張或收縮階段，市場有太多分析者都會有不同的預設立場，認為增長或衰退理應具備特定的樣貌（例如懷疑增長不夠快速、不符合健康擴張常態、不斷（錯誤）猜測趨勢轉折時機，或是認為衰退可能超乎預期等）。

我認為，這些舉措都是多餘的，各景氣循環週期維持的時間和行進的強度（增長或衰退力道）並沒有既定的公式，一切都只能從客觀的數據，去找尋運行的蛛絲馬跡。正如霍華・馬克斯所述：「你永遠不會知道這場棒球比賽（景氣循環）要打幾局！」

1-2 生產力與通膨互相接棒 催生美國長線大多頭

「查理和我都認為——波克夏的成功關鍵,是搭上了美國經濟順風車。任何企業或個人,若吹噓僅靠自己就能獲致成功,都是極端傲慢無知的。」(Charlie and I happily acknowledge that much of Berkshire's success has simply been a product of what I think should be called The American Tailwind. It is beyond arrogance for American businesses or individuals to boast that they have "done it alone".)

——華倫·巴菲特(Warren Buffett),2018 年《波克夏年報》

在深入討論每個景氣循環週期前,我們要先從較長的時間尺度,來回顧美國的長期景氣循環樣貌。美國在走出第 2 次世界大戰陰霾後(1945 年 9 月戰爭結束),經濟增長開始進入穩定擴張的型態。在過去近 3/4 個世紀中,「生產力」與「通膨」2 個重要因子,決定了長期景氣擴張動能和資本市場的榮枯(詳見圖 1)。接下來就要來詳細解釋,此循環規律所在。

景氣擴張以「生產力」與「通膨」為主軸，輪替循環
——美國CPI年增率、潛在GDP年增率與每小時產出年增率變化

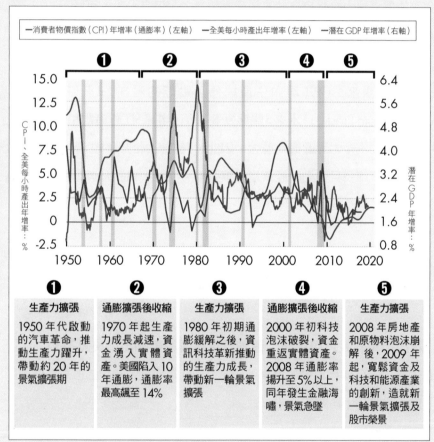

❶ 生產力擴張

1950年代啟動的汽車革命，推動生產力躍升，帶動約20年的景氣擴張期

❷ 通膨擴張後收縮

1970年起生產力成長減速，資金湧入實體資產。美國陷入10年通膨，通膨率最高飆至14%

❸ 生產力擴張

1980年初期通膨緩解之後，資訊科技革新推動的生產力成長，帶動新一輪景氣擴張

❹ 通膨擴張後收縮

2000年初科技泡沫破裂，資金重返實體資產。2008年通膨率揚升至5%以上，同年發生金融海嘯，景氣急墜

❺ 生產力擴張

2008年房地產和原物料泡沫崩解後，2009年起，寬鬆資金及科技和能源產業的創新，造就新一輪景氣擴張及股市榮景

註：1.資料統計時間起始自1950.01；2.「消費者物價指數（CPI）年增率（通膨率）」數據截至2019.09；3.「全美每小時產出年增率」數據截至2019.01；4.「潛在GDP年增率」為美國國會預算辦公室（CBO）發表的估計值，數據截至2020.10；5.灰底為景氣衰退期間
資料來源：聖路易聯邦儲備銀行（fred.stlouisfed.org/graph/?g=p6lL）

生產力》2 次技術革新拉動生產力揚升，推動美股大牛循環

　　美國的堅實國力始終來自於科技和創新實力，但是一般人可能不知道，長期景氣擴張動能更是與此息息相關。

　　由於象徵未來 GDP（國內生產總值）動能的潛在 GDP（Real Potential Gross Domestic Product）水準，關鍵要素為人口增速、工作時數和勞動生產力，其中又以勞動生產力影響最為重大，因此，只要美國的勞動生產力能夠大幅揚升，就會帶來綿長且強勁的經濟增長擴張期。而要大幅提升勞動生產力，無一例外，都需要生產技術的跳躍式革新。

　　過去約 70 年來（自 1950 年起），最為顯著的 2 次技術革新，一是 1950 年代啟動的汽車革命，二是 1980 年代開始的資訊科技革命。

第1次技術革新》汽車革命：蓬勃汽車產業為美國出口貢獻甚鉅

　　首先看 1950 年代啟動的汽車革命。1950 年過後，美國的汽車消費金額出現了顯著的躍升（詳見圖 2）。

　　美國官方統計汽車持有總數是從 1960 年代才開始，根據美國運輸部（United States Department of Transportation，簡稱 DOT）歷史數據，1960 年時有

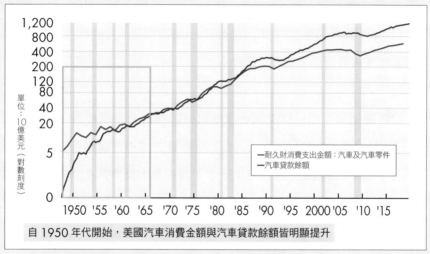

1950年代美國汽車業蓬勃發展,帶動經濟起飛
——美國汽車消費金額相關數據變化

自1950年代開始,美國汽車消費金額與汽車貸款餘額皆明顯提升

註:1.「耐久財消費支出金額:汽車及汽車零件」資料統計時間為1947年~2018年;2.「汽車貸款餘額」資料統計時間為1947.01.01~2019.04.01;3.灰底為景氣衰退期間
資料來源:聖路易聯邦儲備銀行(fred.stlouisfed.org/graph/?g=p6xn)

6,167萬1,390輛汽車(大約每3人擁有1輛車,當時美國人口約1億8,000萬人);到了1970年,這數字飆到8,924萬3,557輛,也就是大約每2人擁有1輛車,此比率維持至今。汽車的廣泛使用,提升了民眾通勤的速度和旅遊品質(包括通勤範圍、用車頻率),也增進企業的物流效率。

不僅如此,汽車的需求大增造成相當多衍生需求,例如從無到有的金融車貸

產業，就是從 1950 年代開始勃興。此外，暴增的汽車使用也帶動本土油源的開採加速，大型石油公司開始往離岸和極地前進，以滿足市場不斷增加的汽油消費需求，帶動美國戰（第 2 次世界大戰）後第 1 波能源革命高峰（詳見圖 3），1970 年所創下的美國本土原油生產峰值，一度被視為不可能被打破的紀錄（直到 2018 年才由頁岩油革命刷新紀錄）。

更多的運輸需求，也逼使美國各級政府得加強道路基礎建設，時任美國總統艾森豪（Dwight David Eisenhower）所簽署的《聯邦補助高速公路法案》（Federal Aid Highway Act of 1956），可視為對此需求的具體回應。在法案簽署的 10 年內，美國政府花費了高達 250 億美元（相當於 2019 年 2,322 億 5,000 萬美元），興建長達 6 萬 6,000 公里的州際公路，初步完善了美國的國家高速公路網。

不只如此，蓬勃的美國汽車工業也強化了出口競爭力。從 1950 年代開始，汽車相關出口就成為拉動美國出口的強項（詳見圖 4）；此趨勢雖然在 1950 年代末期一度沉寂（主因產能跟不上，優先供應本土需求），但在產能問題解決之後，1960 年代再度加速；從 1964 年～ 1968 年間，美國汽車出口指數暴增超過 3 倍，直到 1970 年代日本汽車產業興起才告終結。

也就是說，僅僅一項汽車產業，就同時拉動消費、投資、政府建設和進出口

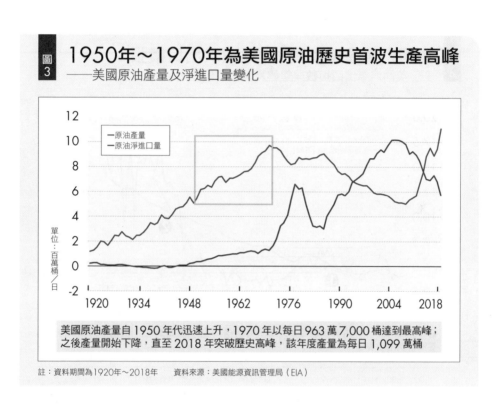

圖3 1950年～1970年為美國原油歷史首波生產高峰
——美國原油產量及淨進口量變化

單位：百萬桶／日

- 原油產量
- 原油淨進口量

美國原油產量自1950年代迅速上升，1970年以每日963萬7,000桶達到最高峰；之後產量開始下降，直至2018年突破歷史高峰，該年度產量為每日1,099萬桶

註：資料期間為1920年～2018年　　資料來源：美國能源資訊管理局（EIA）

等4大GDP要項的長期擴張動能！正因為由技術革命帶動的影響是如此巨大而深遠，在拉高生產力和潛在GDP增長動能的同時，也必然為資本市場帶來強勁的爆發力。

　　觀察美股的表現，從1950年～1960年代尾聲的這20年，美股漲幅不是用百分比或1倍、2倍在成長，而是10倍數的增長！在這中間縱然也有出現

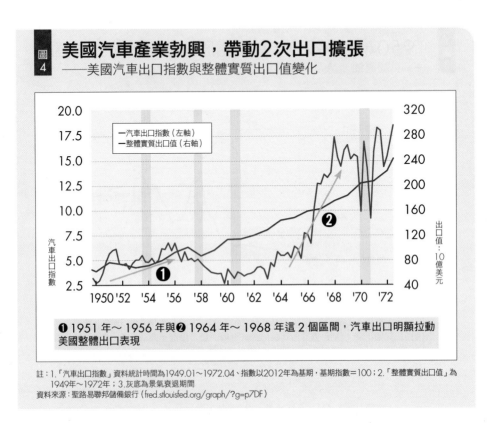

圖4　美國汽車產業勃興，帶動2次出口擴張
——美國汽車出口指數與整體實質出口值變化

❶ 1951 年～ 1956 年與❷ 1964 年～ 1968 年這 2 個區間，汽車出口明顯拉動美國整體出口表現

註：1.「汽車出口指數」資料統計時間為1949.01～1972.04、指數以2012年為基期，基期指數＝100；2.「整體實質出口值」為 1949年～1972年；3.灰底為景氣衰退期間
資料來源：聖路易聯邦儲備銀行（fred.stlouisfed.org/graph/?g=p7DF）

一些小的景氣循環，回落幅度也約能控制在 20% 以內，重新再創新高的時間也不會拉得太長（詳見圖 5）。

第2次技術革新》資訊科技革命：帶動景氣擴張及超長牛市

美股第 2 次 10 倍數增長的週期，就在 1980 年代雷根（Ronald Reagan）

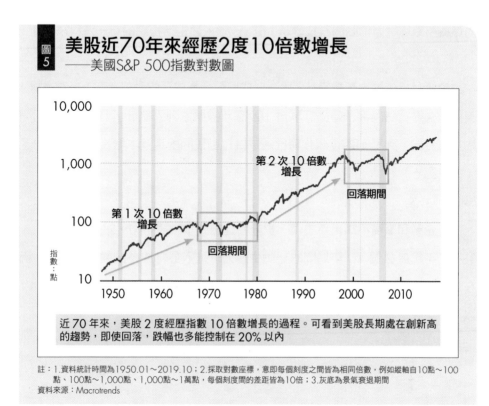

圖 5
美股近70年來經歷2度10倍數增長
——美國S&P 500指數對數圖

近 70 年來，美股 2 度經歷指數 10 倍數增長的過程。可看到美股長期處在創新高的趨勢，即使回落，跌幅也多能控制在 20% 以內

註：1.資料統計時間為1950.01～2019.10；2.採取對數座標，意即每個刻度之間皆為相同倍數，例如縱軸自10點～100點、100點～1,000點、1,000點～1萬點，每個刻度間的差距皆為10倍；3.灰底為景氣衰退期間
資料來源：Macrotrends

上台之後（雷根任職美國總統期間為 1981 年 1 月 20 日～ 1989 年 1 月 20 日），以減稅案、擴大國防開支，以及加速軍用科技轉民用的刺激下展開。

原本僅有少數軍事和商業使用的電腦設備開始普及，網際網路轉入民間，加上通訊與半導體產業的快速發展，造就出繼 1900 年前後第 2 次工業革命（由

內燃機引擎與電力帶動的科技變革）後，改變人類生活樣貌的新一波科技革新。

由資訊科技帶動的產業變革，逐漸形成民間企業成長的動能。直接來看證據，美國耐久財電腦與電子產品訂單自 1972 年被國家列入統計，1980 年代起開始加速發展，到了 1990 年代時已經成為拉動民間固定資本增長的重要主力了（詳見圖 6）。

隨著企業和廠商不斷更新設備，提升營運的效率和競爭力，讓 1980 年代、1990 年代這 2 個 10 年期間的勞動生產力，進入最為綿長的強勁擴張期。而在這個 20 年裡，美國的潛在 GDP 增長水平，無論基期多高，從未跌落 2.4% 以下，可說是非常驚人！

同樣的，在這樣的背景之下，美股行情是欲小不易，20 年間再度締造 10 倍數漲幅。

除了 1987 年的「黑色星期一」（編按：1987 年 10 月 19 日為「黑色星期一」，以收盤指數計算，標準普爾 500 指數（S&P 500）與道瓊工業平均指數波段跌幅分為 31%、34%，單日最大跌幅則分別約 20%、25%），美股出現較大的跌幅，其他像是亞洲金融風暴，以及 1990 年～ 1991 年的唯一景氣短暫衰退，美股波段回檔的峰值，大約都能控制在僅約 20% ～ 25% 左右。

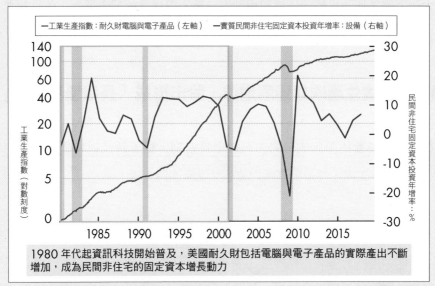

圖6 **1980年代起，美國耐久財成為固定資本增長主要動力**
──美國耐久財生產指數與民間非住宅固定資本投資年增率變化

─工業生產指數：耐久財電腦與電子產品（左軸） ─實質民間非住宅固定資本投資年增率：設備（右軸）

1980年代起資訊科技開始普及，美國耐久財包括電腦與電子產品的實際產出不斷增加，成為民間非住宅的固定資本增長動力

註：1.「工業生產指數：耐久財電腦與電子產品」資料統計時間為1980.01～2019.09、指數以2012年為基期，基期指數＝100；2.「實質民間非住宅固定資本投資年增率：設備」資料統計時間為1980年～2018年；3.灰底為景氣衰退期間
資料來源：聖路易聯邦儲備銀行（fred.stlouisfed.org/graph/?g=p80G）

可以說，經過 1950 年代、1960 年代，以及 1980 年代、1990 年代這 40 年的驗證，只要是技術革新帶來勞動生產力揚升的總體經濟擴張，美國股市必然出現跳躍式的特大牛市。

而過程中的景氣循環回落，約莫會造成美股自波段高點下跌 2 成左右的跌

幅。只是，就在過去 70 年間，扣掉過去 10 年（2010 年～ 2019 年）及前述的 40 年，大概還有另外 20 年的時間，情況是有些不同的。這另外的 20 年大致上還是多頭格局，樣貌卻相當不一樣，這就是所謂「通膨」帶動的景氣擴張和資本市場榮景。

通膨》過度生產吹起通膨泡沫，股市形成「長線慢牛循環」

經由技術革新所帶來的勞動力高速增長週期，隨著新技術和生產設備的成熟，以及過度生產、競爭，產業泡沫態勢就會開始浮現。

1950 年起，美國因汽車革命開啟長達 20 年的景氣擴張期。到了 1970 年代，美國已進入平均 2 人就擁有 1 輛車、公路網也大致完成的狀態，美國汽車產業對於創新動能的拉動效果，就進入自然衰減的階段。更糟的是，此時出現了新的競爭者——日本的汽車製造商。

然而，並不如大家所想的，這樣的轉變會讓美國經濟進入災難。事實正好相反，由於前面 2 個 10 年所累積的機會財富過於巨大，因此當整個國家的創新動能開始不足的時候，原本用來投資技術革新的資金會開始抽離，開始尋找「安穩」的投資去處。這通常意味著，實體資產的價值會開始浮現，例如黃金、原物料及房地產。

在整個社會處於高度技術創新的年代，這些實體資產由於增值速率過慢，往往不受青睞（因為若跟股市比較，股市是 10 倍數增長，更遑論衍生的新創產業所蘊含的暴利商機）。但是到了經濟成長動能趨緩、股市表現相對劇烈波動的時代，原本維持穩定的實體資產價格，就會蘊含強力的上漲動能，逐漸成為龐大資金追逐的投資標的。

此外，鉅額財富所造成的過剩資本和提升的消費力，會讓通膨進入較快的增長循環，進而形成「通膨→實體資產增值→通膨」的正向循環。

於此同時，美國以外的經濟體發展動向，也會同步有助推升全球範圍內通膨情勢。這是因為美國生產力增長帶動的景氣擴張，所帶來的長期榮景與強大消費力，會逐漸帶動海外經濟體快速發展，而因此而來的新增需求就會助燃通膨滋長。

例如，1970 年代通膨增長帶動的景氣擴張，除了美國因素外，日本和亞洲四小龍的經濟快速發展也提供相當大的貢獻。到了 2000 年，場景換到了東方巨龍——中國的崛起，大買全世界從農糧到原油、基礎金屬等原物料，推升這些原物料價格至歷史新高水位。

由此也可略做推論，下一波通膨增長循環再次降臨，應該和印度的經濟起飛

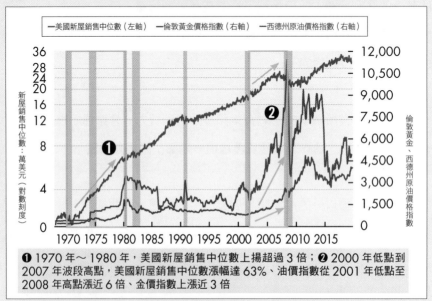

圖7 美國2次通膨增長週期中，房市、黃金與原油大漲
——美國房市、黃金與原油價格變化

—美國新屋銷售中位數（左軸）　—倫敦黃金價格指數（右軸）　—西德州原油價格指數（右軸）

❶ 1970 年～ 1980 年，美國新屋銷售中位數上揚超過 3 倍；❷ 2000 年低點到 2007 年波段高點，美國新屋銷售中位數漲幅達 63%、油價指數從 2001 年低點至 2008 年高點漲近 6 倍、金價指數上漲近 3 倍

註：1.「美國新屋銷售中位數」及「西德州原油價格指數」資料統計時間為1968.01.01～2019.09.01；2.「倫敦黃金價格指數」資料統計時間為1968.04.01～2019.11.01；3.「倫敦黃金價格指數」以1968.04.01為基期，基期指數＝100、「西德州原油價格指數」以1946年為基期，基期指數＝100；4.灰底為景氣衰退期間
資料來源：聖路易聯邦儲備銀行（fred.stlouisfed.org/graph/?g=p82n）

脫不了關係（時間可能落在 2030 年代前後）、再下一次則是搭配非洲大陸的工業化和現代化（本世紀中葉後）。

1970年起美國陷入通膨，資金追逐實體資產、股市跌多漲少

美國1970年代通膨升溫，股市表現不佳
──美國S&P 500指數走勢圖

S&P 500 指數波段漲幅小，1970 年、1974 年、1982 年發生的回檔幅度也分別達 -34%、-46%、-24%

註：1.資料統計時間為1967.01～1984.04；2.跌幅計算以圖中所示月收盤指數高低點為準
資料來源：Macrotrends

　　隨著通膨水準的揚升，美國房價在 1970 年代狂飆，10 年的時間飆漲超過 3 倍（詳見圖 7）！除此之外，黃金和原油也出現狂飆行情，雙雙出現超過 10 倍數的增長！相對來說，此時股市的表現就沒有那麼出色，以 S&P 500 指數來看，不但波段漲幅較小，景氣循環造成的股市回落幅度也較大（詳見圖 8）。

　　雖然整體來說，美股並未脫離大多頭格局，這是毫無疑問的，但是指數上漲

的空間明顯小了不少。從 1970 年低點到 1980 年最高點來看，美股波段漲幅不過勉強貼近 1 倍，和前面 2 個 10 年的表現相去甚遠。不只如此，在這 10 來年的時間裡，3 次的景氣循環的衰退期，顯然都造成美股相對較大的回落（和前後的 2 個生產力擴張週期相比），回檔幅度分別來到 -34%、-46% 和 -24%。

因此，雖然在景氣循環早期和初期出現的適度通膨，有助提升消費意願；但是，最終當全社會的資金過度湧進實體資產，且逐漸流於人為投機炒作時，對於總體經濟和企業長期競爭力的傷害會開始浮現。

因為這些實體資產所能帶來的衍生效益，和提升人類福祉的效果是相當有限的，而這正是在這段時間內，股市表現較不那麼亮眼的主因。

不過，當這些實體資產的泡沫緩解後（通常是藉由貨幣緊縮循環的逐漸發威），伴隨通膨逐漸下滑，此時，只要有新一波的科技革新出現，長期經濟週期就進入了新一輪的「生產力週期」。

2000年代科技泡沫破裂，熱錢湧入實體資產市場

1980 年代、1990 年代，美國資訊科技革新所帶來的產業創新，就是這樣的自然產物。資訊科技的日漸普及，促成強大的生產力提升，讓經濟快速脫離長期通膨帶來的消費和投資不振，隨之而來的巨大財富創造和累積，也是世所

罕有。

當然，歷史經驗就是不斷重演，當市場資金瘋狂投向毫無基本面支撐、僅有「本夢比」（編按：意指個股的高股價並非奠基於實質獲利，而僅是奠基於夢想）可言的虛幻網路類股時，最終的科技大泡沫於焉成形。而當泡沫破裂時，就展開了新一輪「通膨」擴張週期。

自 2000 年啟動的這次通膨循環，從科技泡沫撤出了大量資金。由於美國的製造業在經過 1990 年代的全球化階段後，產業外移，出現空洞化。因此，此時除了房地產之外，美國本土實際上已無更好的資金投資管道。同時，在全球化的過程中，新興市場包括東歐、拉丁美洲、中國和印度都進入高速增長週期，進一步拉抬了全球經濟的原物料需求。

也因此，龐大的美國房地產市場、沉寂了 20 年的黃金，以及基期相對低的原物料，再度繼 1970 年代之後，重新成為市場的亮點所在。從 2000 年低點起算，至 2007 年的波段高點，短短不到 8 年時間，美國新屋銷售中位數漲幅達 63%；油價則是從 2001 年低點至 2008 年高點漲近 6 倍、金價於 2008 年高點則是上漲「近」3 倍。

相對來說，美國股市的表現就沒那麼出色，S&P 500 指數在這段循環裡雖然

順利再創新高，但幅度相當有限（詳見圖 9）。

而這段時期發生的 2 次景氣循環回落整理，跌幅同樣比起前後 2 段週期大了不少。2000 年～ 2002 年科技泡沫破裂後的下殺跌幅達 46%，金融海嘯更是造成 -53% 的大型回落，是過去 1 世紀以來僅次於 1930 年前後經濟大恐慌的最大波段跌勢，也是唯二超過 50% 的慘烈熊市。

現在與未來，我們正處於新一輪的科技創新週期

總結來說，雖然「通膨」帶動的實體景氣擴張循環，對於股市的利多效益，相比「生產力」提升循環來說不那麼大，但此時的股市仍深具投資價值。只要能夠把握「榮景期結束前懂得從容退場，並在衰退期、復甦期與成長期懂得逢低布局」。那麼，在美股「慢牛」緩步爬升的過程中，仍舊能有相當好的長期投資績效。投資人要怎麼在這 2 類型景氣擴張循環當中，創造較為平衡的收益？不妨把握 2 個重點：

1. **生產力景氣擴張**：將大部位資金重壓資本市場，因為其他標的的績效都會大幅落後。

2. **通膨景氣擴張**：適度將資金配置在與通膨相關的產業與標的。

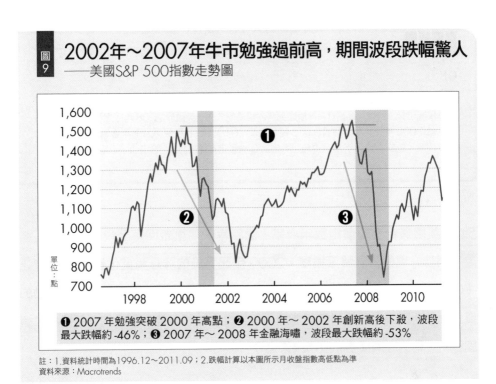

圖 9 **2002年～2007年牛市勉強過前高，期間波段跌幅驚人**
——美國S&P 500指數走勢圖

❶ 2007 年勉強突破 2000 年高點；❷ 2000 年～ 2002 年創新高後下殺，波段最大跌幅約 -46%；❸ 2007 年～ 2008 年金融海嘯，波段最大跌幅約 -53%

註：1.資料統計時間為1996.12～2011.09；2.跌幅計算以本圖所示月收盤指數高低點為準
資料來源：Macrotrends

　　無論如何，如同巴菲特所說，過去 70 年的美國歷史告訴我們，無論在何種環境之下，都要相信美國經濟的增長動能。在投資策略上，必須勇敢布局風險資產（特別是股市），懂得抓住景氣循環各週期的脈絡，並保持耐性、長期投資，就是個人成功投資的重要關鍵！

　　而在 2008 年房地產和原物料泡沫崩解後，一度飆升至 19 年新高、升破

名詞解釋

QE

中文全名為「量化貨幣寬鬆」，是指中央銀行以購買債券、證券等手段，增加市場的貨幣供應量，推動民間借貸、消費及投資行為，以達到刺激經濟的效果。美國於 2008 年底爆發金融海嘯後，分別於 2008 年 11 月～2010 年 3 月，以及 2010 年 11 月～2011 年 6 月實施 2 輪量化寬鬆政策，並於 2012 年 9 月中旬起實施第 3 輪量化寬鬆。

5% 的美國消費者物價指數年增率（通膨率），重新回落至較低的水平，結束了通膨升溫的景氣擴張循環。2009 年起實施的降息和量化貨幣寬鬆（QE（Quantitative Easing，詳見名詞解釋））、減稅、擴大開支等效益所牽動的資金，重新回到了著重科技和能源（包含頁岩油和綠能）產業的創新路線，造就了新一輪的經濟擴張和股市榮景迄今。

如今，展望從現在開始至 2025 年之後的極長線大趨勢，我們將留待第 6 課再來深入討論，並沙盤推演未來的趨勢所在！

接下來 1-3 ～ 1-4，將回到景氣循環投資策略上，來看看在大多頭占據絕大多數時間軸的背景下，如何找尋最佳的長期投資策略？你會發現，原來當個長期投資的常勝軍，再容易不過了！

1-3 採取長期被動投資策略
堅持到底就能享受豐厚報酬

投資是在固定的薪資收入之外，增加財富的有效途徑，妥善規畫，可以讓人早日達成理財目標，甚至順利達到「財富自由」的境界。然而，在投資這條路上，並不如所想的那麼容易，為什麼「投資致富」對散戶、甚至專業投資人來說，都是不容易的一項工程？

這可從目前市場上大家所使用的 2 套投資策略著手討論。一般來說，投資不外乎「被動」投資和「主動」投資。

1. **被動投資**：又稱為「指數型投資」，也就是尋找低成本的指數型投資工具，避免「擇時」和「選股」，以長期時間複利價值來獲取貼近大盤長期報酬的收益。這也幾乎是市場上，特別是對較缺乏專業分析能力、操作時間與內部資訊的散戶投資人來說，最為推崇的投資方式。

2. **主動投資**：又包含「擇時」和「選股」2 種操作方法。雖然一般公認主

動投資策略較為適合具備厚實財經知識的專業投資人，但是市場上太多成功的「倖存者案例」（亦即檯面上的成功投資案例，但投資人若只關注成功案例，容易忽略其他可能導致投資失敗的成因），讓許多散戶投資人對於主動投資仍然難以割捨。因此無論是專業人士或散戶投資人，市場裡仍有相當多的成員，是採用主動投資的策略進行操作布局。

長期被動投資美股，即可享有穩健報酬

「長期指數型被動投資」已是市場的顯學了！正如被動式指數投資的倡導者、先鋒基金創辦人約翰‧柏格（John Bogle）強調：「不要買稻草堆裡的針（個股），直接買下整個稻草堆（市場）就好！」（Don't look for the needle in the haystack. Just buy the haystack.）更強調無須去做擇時投資（Market timing），他表示：「過去 50 年來從未見過有人能持續性地成功做到（擇時）。」（After nearly 50 years in this business, I do not know of anybody who has done it successfully and consistently.）

不選股、不擇時，選擇低成本的指數型標的投資，是約翰‧柏格的理念。而以價值選股聞名的「股神」──華倫‧巴菲特（Warren Buffett），對此也深表認同。他不但贏得和主動型避險基金的長期賭注（編按：2007 年，巴菲特和資產管理公司（Protégé Partners）打賭，10 年內指數基金將會跑贏其精選的

一籃子對沖基金。2017 年，美國標準普爾 500（S&P 500）指數平均報酬率為 7.1%，相較之下一籃子避險基金的報酬率僅達 2.2%），更曾表示其後代無須擔心理財的問題，只要將資金投入低成本的指數型基金、持續長期投資即可。

上述 2 位大師所推崇的投資真理，是經得起數字考驗的。假設進行 20 年（從 1999 年 4 月～ 2019 年 3 月）長期定期定額投資，標的無論是選擇以科技股為主的美國那斯達克指數 ETF（代碼：QQQ），或是標準普爾 500 指數 ETF（代碼：SPY），價值加權的年化報酬率分別以 11.92%、8.71%，遙遙領先美政府公債 5.94%，或是持有儲蓄 1.06%，累積的收益差距十分驚人（詳見表 1、圖 1）。

難能可貴的是，上述所假設的起始入場投資的時間點 1999 年，並非股市低點，而是網路泡沫瓦解前 1 年，正逢當時股市的歷史高點；隨後 20 年間又經歷 2 次重大崩盤（2000 年網路泡沫破裂及 2008 年金融海嘯），卻仍然能夠積累如此驚人的收益，果真驗證長期被動投資無須擇時，只要具備良好的心理素質，堅持到底，最終的豐厚收益將是水到渠成。

被動投資困境》恐懼資產波動而怯於長期持有

既然長期指數被動投資的收益如此亮麗，為何真正可以做到的人，卻沒有那

表1 那斯達克指數ETF近20年之年化報酬率達11.92%
——20年定期定額投入1000美元投資績效比較表

項目	美國那斯達克指數	美國標準普爾500指數	美國長天期公債	儲蓄
試算標的	景順那斯達克100指數ETF（代碼：QQQ）	SPDR標準普爾500指數ETF（代碼：SPY）	先鋒美國長天期公債指數基金（代碼：VUSTX）	現金
期末累積金額（美元）	91萬2,478	62萬3,106	45萬3,491	26萬8,246
年化報酬率（%）	**11.92**	8.71	5.94	1.06
標準差（%）	24.21	14.49	10.41	0.55
年度報酬率最佳表現（%）	74.15	32.31	29.28	5.88
年度報酬率最差表現（%）	-41.73	-36.81	-13.03	0.00
帳戶淨值最大跌幅（%）	-81.08	-50.80	-16.68	0.00

註：期初為 1999 年 4 月、期末為 2019 年 3 月　　資料來源：Portfolio Visualizer

麼多呢？這是因為，能夠堅持到底的心理素質和抗壓力，遠比大家所能想像的還要難以企及。讓我們來設身處地假設一下：

如果，長期定期定額投資 10 年，但是結算的報酬率，竟然還低於同期持有現金（純儲蓄）的收益，你是否可以接受？是否心志不受動搖？

狀況1》1993年起定期投資10年，美股報酬比儲蓄更差

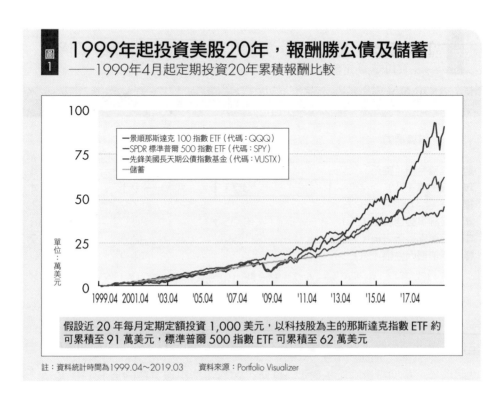

圖1 1999年起投資美股20年，報酬勝公債及儲蓄
——1999年4月起定期投資20年累積報酬比較

—景順那斯達克 100 指數 ETF（代碼：QQQ）
—SPDR 標準普爾 500 指數 ETF（代碼：SPY）
—先鋒美國長天期公債指數基金（代碼：VUSTX）
—儲蓄

單位：萬美元

假設近 20 年每月定期定額投資 1,000 美元，以科技股為主的那斯達克指數 ETF 約可累積至 91 萬美元，標準普爾 500 指數 ETF 可累積至 62 萬美元

註：資料統計時間為1999.04～2019.03　　資料來源：Portfolio Visualizer

上述情境正是實際會發生的現象！若從 1993 年 3 月～ 2003 年 3 月，每月定期定額投資美國標準普爾 500 指數 ETF，年化報酬率僅 3.71%，顯著低於同期純現金儲蓄的 4.14%（詳見表 2、圖 2）。

狀況2》科技泡沫破裂前定期投資美股10年，竟不賺反賠

投資 10 年，卻比儲蓄的報酬率還要糟，很難不讓人心灰意冷。但嚴格來說，

表2　1993年～2003年，美股ETF年化報酬率僅3.71%
——10年定期定額投入1000美元投資績效比較表

項目	美國標準普爾500指數	美國長天期公債	儲蓄
試算標的	SPDR標準普爾500指數ETF（代碼：SPY）	先鋒美國長天期公債指數基金（代碼：VUSTX）	現金
期末累積金額（美元）	14萬7,433	19萬6,220	15萬714
年化報酬率（%）	**3.71**	9.17	4.14
標準差（%）	15.38	7.92	0.41
年度報酬率最佳表現（%）	38.05	30.09	5.88
年度報酬率最差表現（%）	-21.59	-8.66	0.29
帳戶淨值最大跌幅（%）	-44.71	-11.07	0.00

註：1. 期初為 1993 年 3 月、期末為 2003 年 3 月；2. 景順那斯達克 100 指數 ETF（代碼：QQQ）於 1999 年成立，故不列入比較
資料來源：Portfolio Visualizer

這也不過就是少賺了些，大體上還不能算是失敗的投資。只是，你知道嗎？若換個場景，長期投資被動指數型 10 年，還有可能出現更糟的情況！

投資人若是從 1999 年 4 月持續定期定額買進美股至 2009 年 3 月，10 年定期定額下來，不但白忙一場沒賺到錢，年化報酬率竟然是倒賠！那斯達克指數 ETF 是 -5.27%，標準普爾 500 指數 ETF 是 -6.11%！

不要說遠低於同期的長期公債基金年化報酬率 8.35%，也遠低於同期的現金儲蓄年化報酬率 2.79%（詳見表 3、圖 3）。長期投資至此，竟是以慘賠收場，

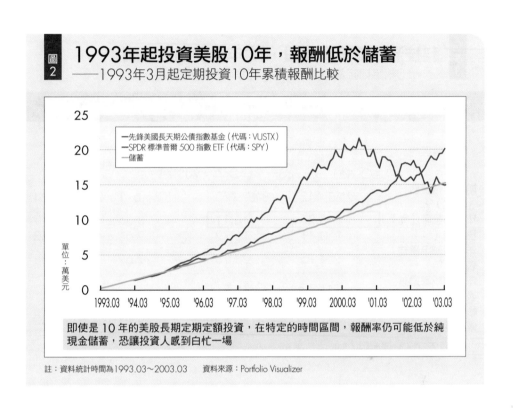

圖2 1993年起投資美股10年，報酬低於儲蓄
——1993年3月起定期投資10年累積報酬比較

即使是 10 年的美股長期定期定額投資，在特定的時間區間，報酬率仍可能低於純現金儲蓄，恐讓投資人感到白忙一場

註：資料統計時間為1993.03～2003.03　　資料來源：Portfolio Visualizer

真是情何以堪！

美國公債雖是低風險標的，但波段持有也可能虧損

長期投資可能帶來週期性資產減損，不一定只會發生在股市等風險性資產投資上，看似極低風險的標的，例如美國公債，也可能帶來令人意想不到的虧損。

表3 科技泡沫前投資美股，10年後仍為負報酬
——10年定期定額投入1000美元投資績效比較表

項目	美國那斯達克指數	美國標準普爾500指數	美國長天期公債	儲蓄
試算標的	景順那斯達克100指數ETF（代碼：QQQ）	SPDR標準普爾500指數ETF（代碼：SPY）	先鋒美國長天期公債指數基金（代碼：VUSTX）	現金
期末累積金額（美元）	9萬3,442	8萬9,770	18萬5,611	13萬9,324
年化報酬率（%）	**-5.27**	**-6.11**	8.35	2.79
標準差（%）	30.41	15.72	9.66	0.52
年度報酬率最佳表現（%）	74.15	28.18	22.52	5.88
年度報酬率最差表現（%）	-41.73	-36.81	-4.70	0.03
帳戶淨值最大跌幅（%）	-81.08	-50.80	-9.93	0.00

註：期初為 1999 年 4 月、期末為 2009 年 3 月　　資料來源：Portfolio Visualizer

　　若定期定額投資美國政府債券基金，從 2013 年 10 月～ 2018 年 10 月，投資期長達 61 個月，5 年多下來，報酬率加計配息之後竟為負值（詳見表 4、圖 4），遠低於同期現金收益水平，可謂「賺了配息、賠了價差」。

　　事實上，隨著時間拉長，政府公債因為有配息保護，持有至到期是不會有虧損風險的。然而，若是連通膨或儲蓄收益都無法超越，那麼顯然也不能算是 1 筆划算的長期投資。

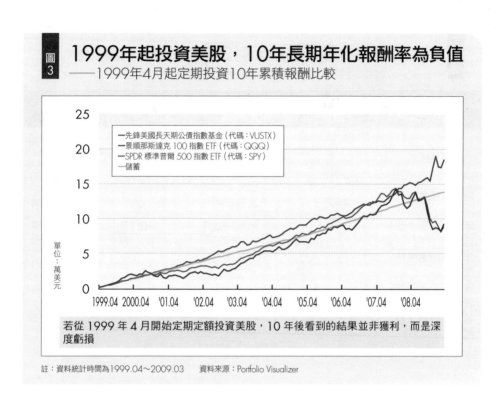

圖3 **1999年起投資美股，10年長期年化報酬率為負值**
——1999年4月起定期投資10年累積報酬比較

圖表圖例：
- 先鋒美國長天期公債指數基金（代碼：VUSTX）
- 景順那斯達克 100 指數 ETF（代碼：QQQ）
- SPDR 標準普爾 500 指數 ETF（代碼：SPY）
- 儲蓄

單位：萬美元

若從 1999 年 4 月開始定期定額投資美股，10 年後看到的結果並非獲利，而是深度虧損

註：資料統計時間為1999.04～2009.03　資料來源：Portfolio Visualizer

長期被動投資需有強健心理素質才能撐過股災

簡單說，長期投資要發揮功效，就是必須要堅持到底。如果價格出現波動的機率很低或波動幅度不大，似乎可以從「加強心理素質」著手來克服這個問題。然而，回顧過往，短短不到 30 年的時間，就有 2 個 10 年的指數投資期間，會讓長期投資效益顯得十分低落，頻率不可謂不高。而波動幅度方面，約翰‧

表4 2013年起投資美國長天期公債，5年後為負報酬
——5年定期定額投入1000美元投資績效比較表

項目	美國那斯達克指數	美國標準普爾500指數	美國長天期公債	儲蓄
試算標的	景順那斯達克100指數ETF（代碼：QQQ）	SPDR標準普爾500指數ETF（代碼：SPY）	先鋒美國長天期公債指數基金（代碼：VUSTX）	現金
期末累積金額（美元）	9萬3,710	8萬1,445	6萬1,695	6萬3,264
年化報酬率（%）	16.46	10.82	**-0.19**	0.79
標準差（%）	13.34	10.12	10.16	0.19
年度報酬率最佳表現（%）	32.66	21.70	25.28	1.43
年度報酬率最差表現（%）	7.10	1.25	-8.65	0.00
帳戶淨值最大跌幅（%）	-9.82	-8.48	-14.79	0.00

註：期初為 2013 年 10 月、期末為 2018 年 10 月　　資料來源：Portfolio Visualizer

柏格亦曾強調：「長期投資要奏效，必須要對『20% 的投資損失衝擊免疫』，才能堅持到底。」連大師都不諱言，長期投資仍難以避免較大波動性的產生。

然而，這樣的波動性可能遭到低估了！無論是在 1993 年～ 2003 年，或是 1999 年～ 2009 年這 2 段週期中，指數長期投資的單年最大下檔空間，都達到 -30% ～ -40%，甚至波段最大下檔空間還有大到逼近 -50% 的情況（詳見表 2、表 3）！

圖4　定期定額投資美國長債5年，報酬遜於美股與儲蓄
——2013年10月起定期投資5年累積報酬比較

圖表中圖例：
- 先鋒美國長天期公債指數基金（代碼：VUSTX）
- 景順那斯達克 100 指數 ETF（代碼：QQQ）
- SPDR 標準普爾 500 指數 ETF（代碼：SPY）
- 儲蓄

單位：萬美元

橫軸：2013.10　2014.10　2015.10　2016.10　2017.10　2018.10

美債投資並非長期投資獲利萬靈丹，在特定時空環境下仍可能遜於股市和現金收益，並出現虧損

註：資料統計時間為2013.10～2018.10　　資料來源：Portfolio Visualizer

　　換句話說，雖然絕大多數的多頭市場時間，長期投資收益都顯得極為誘人，然而當時間一拉長，偶發性的週期性資產巨幅衰減，卻幾乎是不可避免的高概率事件。

　　投資人必須捫心自問，自己的心理素質，是否強大到大部位的長期投資出現顯著虧損時（搭配市場必然的悲觀低迷市況），仍然能夠面不改色地堅持繼續

投資至 15 年，甚至 20 年以上，毫不動搖？

或許有些人做得到，但相信有更多人因為失望、恐懼、憤怒等情緒作祟而做不到！然而，一旦在市場相對低點，放棄持續布局及加碼投資的機會，那麼長期投資的效益就會折損大半。尤有甚者，恐怕有更多人會選擇在這個時候放棄投資，選擇認賠出場，求個心安。

投資有賺有賠，短暫的虧損，只要不危及生活，這將只會是投資路上的一時顛簸。最糟糕的是，若因為一朝被蛇咬，好不容易建構起來的長期被動投資策略遭到重擊，很可能導致在接下來的幾年，都無法重建進場投資的信心。

那麼，這無疑會錯過接下來的大多頭盛宴，一上一下之間，財富遭到市場無情的重分配，恐怕會是投資生涯的一大憾事！必須再次強調，本書並無意推翻或質疑長期指數被動投資的價值。在絕大多數的時間點，我十分贊同這是理想且正確的投資策略。畢竟，若僅因為被動投資無法規避的週期性巨幅資產減損問題，而轉求主動投資，意圖打敗指數，往往會釀下更嚴重的後果。

主動投資困境》「擇時」、「選股」不當恐有更大損失

主動投資的要義，就是利用如消息面、基本面、技術面等工具輔助，嘗試去

做「擇時」或「選股」操作,目的是為了規避市場回落的風險(甚至反向操作獲利),並擴大多頭行情的戰果,最終取得超越大盤表現的投資收益。

由於本書以總體經濟投資策略對應的指數大盤操作為主,因此將不多談選股角度,而是著重審視「擇時」投資可能造成的重大風險!擇時投資的 2 大風險,就是「機會成本」和「鉅額虧損」風險。前者是可控的,後者則為不可控,但無論是何者,處理不慎,都會造成投資生涯的災難!

先來看機會成本,以總體經濟來說,衡量美股的投資價值,最常被拿來使用的就是「巴菲特指標」,這項指標主要是以美股總市值除以 GDP(國內生產總值),來推估股市規模是否過度膨脹?股市表現是否壓過實體經濟的成長?

一般認為,巴菲特指標若處於 100% 以上,代表股市處於高檔;而低於 100%,則是良好的長期布局契機。然而理論歸理論,若以此理論來做擇時投資,會發現一項嚴重的難題。

若因「擇時」猜測頭部放棄做多,恐損失驚人漲幅

只要看過去 30 多年巴菲特指標,以及美國 S&P 500 指數走勢圖(詳見圖 5),會發現在 2008 年之前,以巴菲特指標作為長期操作依據,的確非常適切。

然而，當指數於 2011 年回到巴菲特指標 90% 以上、即將要接近 100% 這個水位的當下，若是因為對於市場處於相對高檔的隱憂而進行減碼，當下也真的能躲過一時的指數回落，或許會覺得是正確的擇時投資。但是在事後回頭來看，2011 年之後若沒有硬著頭皮去把股票追回來，就會錯過了接下來長達 7 年的美股翻倍漲幅，且迄今尚未結束的超級大多頭（2011 年因為歐債、美債危機連袂爆發、市場二次衰退理論甚囂塵上，出現了金融海嘯以來最大崩挫，指數回檔近 2 成，更多細節於稍後內容詳述）！

事實上，就算是堅持做多到 2015 年～ 2016 年，也就是當市場一片悲觀，眾多聲音斷言景氣循環已到盡頭的時間點才開始擇時出場，當時看似聰明的見好就收，實際上卻是再度錯過接下來 3 年高達 5 成的漲幅！

換句話說，只要大多頭行情尚未結束，那麼任何錯誤猜測「頭部」、「反轉」時間點的行為，都會賠上極大的「機會成本」。而大多頭的走勢綿長有勁，錯過的哪怕是只有 3 年、5 年，時間一拉長，和被動型指數的投資收益差距只會不斷拉大，遑論超越指數了。

更糟的是，如果只是錯過品嘗大多頭的果實也就罷了（少賺），若是錯誤的擇時投資還加上反向操作，例如在 2010 年～ 2011 年、2015 年～ 2016 年、2018 年這些看似重大轉折時間點到來而去放空，如果不慎，賠上的不僅是「機

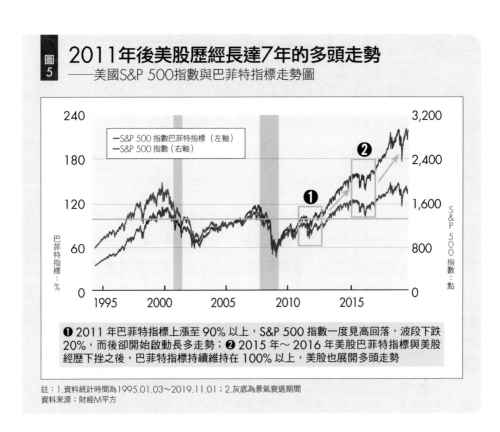

圖5　2011年後美股歷經長達7年的多頭走勢
——美國S&P 500指數與巴菲特指標走勢圖

❶2011年巴菲特指標上漲至90%以上，S&P 500指數一度見高回落，波段下跌20%，而後卻開始啟動長多走勢；❷2015年～2016年美股巴菲特指標與美股經歷下挫之後，巴菲特指標持續維持在100%以上，美股也展開多頭走勢

註：1.資料統計時間為1995.01.03～2019.11.01；2.灰底為景氣衰退期間
資料來源：財經M平方

會成本」，而是「巨幅虧損」。

　原因在於，做空不但具有時間成本，更重要的是和做多相比，若看錯方向，虧損的增長是無極限的（以做多來說，指數不會歸零，虧損終有極限；但對做空者而言，指數漲幅往上並沒有上限，虧損將無限擴大）。基本上，從金融海

嘯以來的任何時間點，下去進行長空操作，結局都不會太好。

　　那麼，未來會不會有正確反向操作的時間點呢？當然，週期性大幅回挫的時間點，終究會到來。但是，我們同樣要捫心自問：「投資人的一生，可以容許幾次看錯呢？」主動投資看錯方向，所喪失的龐大機會成本和潛在巨幅虧損，相對於被動投資僅須面臨的波動風險，顯然是相對不划算的。

　　總結來說，無論是主動投資或被動投資，不是充滿缺陷，就是不盡完美。而這 2 大投資策略的不足之處，正是導致投資人無法從資本市場獲取長期穩定收益的重要原因。究竟，有沒有解藥呢？有沒有「第 3 條路」？在不需要去做太多擇時主動操作的同時，還能大幅降低被動操作的週期性資產大幅衰減風險？

　　有的，這就是本書所要闡釋的主軸──「景氣循環投資法」。

階段式股債均衡配置
享高收益還能避開市場回檔

「所謂『長期投資的價值』，應該把字的順序做個對換——『長期價值的投資』。為什麼呢？因為投資之所以能獲利，重點在『價值』，不在『長期』，更不在於『投資』。」

——愛榭克（Izaax），《經濟指標告訴你＆沒告訴你的事》

長期投資的優點，在於享受時間複利加乘下的指數鉅額增長收益。然而，週期性資產減損卻又令人心生畏懼；這樣的畏懼，會讓人不禁想去進一步猜測轉折。只是，錯誤的擇時投資，往往淪為追高殺低，最後反過來成為長期投資最大殺手。

本節要介紹 1 個能夠截長補短的簡易投資法，此法不但保有長期被動投資指數的穩定收益，又能在適當時機，藉由簡單調整，躲避鉅額資產減損的風險。

而這個調整動作與傳統的擇時投資不同，此法並不需隨時戰戰兢兢地做轉折猜測，或是頻繁進行投資組合變動。

這個方法就是「景氣循環投資法」。顧名思義，就是在投資策略裡加入景氣循環的概念，也就是利用 1-1 所提到的「4 大景氣循環週期」，針對不同週期去做資金比重的調整。

全力做多週期》衰退期、復甦期、成長期

綜觀景氣循環 4 階段，擴張期占了 3 個，分別是景氣初期循環（復甦期）、景氣中期循環（成長期）、景氣後期循環（榮景期）。不過，在投資策略上面，因要略微超前布局的關係，因此真正適合進行全力做多股市的週期，反而是衰退期、復甦期與成長期。

因為在這 3 個週期中，要不就是股價顯著偏離基本價值，要不就是總體經濟進入穩定擴張的週期裡，有利於股市投資的長期複利成長。而進入榮景期之後，景氣轉折時間點進入倒數計時，加上此時資本市場估值必定相對偏高，因此在股權操作上，反而要開始降低持倉水平，不再維持 100% 的滿倉操作。

換句話說，「景氣循環投資法」和所謂的「被動定期定額指數投資法」，其

實有高達 7 成～ 8 成時間，操作策略是完全雷同的！這是一套極容易入手的操作策略。

但是，千萬不要小看這簡單的調整！在僅需於極少數的時間點做出些許布局微調的情況之下，你不但可以在大幅降低持股波動率（如同精準的擇時投資）的同時，還能大幅提高長期報酬率！

怎麼可能呢？別懷疑，這方法遠比你想像的還要簡單和有效！以下分別介紹 2 種配置方式，1 個是純股票配置，另 1 個則是同時持有股票及債券資產的股債配置：

景氣循環投資法 1》純股票配置，榮景期降低持股比重

傳統被動式指數投資法是不論景氣處在哪個階段，一律定期定額地機械式投入資金，始終全數持有股票資產，不會因為景氣週期而調整持股比重。

而景氣循環投資法的指數投資，與傳統被動式指數投資法的最大差異在於「調降景氣後期循環（榮景期）的持股配置比重」。此項操作的意義主要有 4 項：

1. 股市估值和本益比處於多年新高，股票殖利率相對偏低，意味長期投資價

值正在滑落；同時，市場的投機性往往在榮景期明顯竄升。

2. 榮景期處於升息循環，因此相較之下，現金（活存、定存）和債券投資的收益率則是向上攀升。

3. 股市榮景和總體經濟的榮景，雖然在這個景氣循環週期同步攀上新高，若是減少股票的持有比重，必然會一定程度犧牲投資報酬率；然而，這樣的損失可以視為必要的「保險費」，這是為了榮景期過渡至衰退期時，當市場本益比大幅下修，並導致熊市來臨的過程中不致受傷。

4. 一般人會容易忽略的是，以長期收益的角度來看，當股市高檔區所增加的現金和債券儲蓄，相較於股市投資，不但喪失機會成本的機率相對較低（因為榮景期時收益率也相對較高）；更重要的是，這些儲存下來的資金，當股市跌至相對低點，若搭配「投資再平衡」（從低持股轉成高持股，詳見名詞解釋）的話，就能顯著提升長期報酬率。

以上這 4 點，解釋了為何長期投資搭配景氣循環判讀是如此重要。只要調控得宜，長期被動式指數投資，可以有效規避週期性資產大幅減損風險！

接下來，就要讓數據說話了，我們來看看，就長期而言，景氣循環投資法可

名詞解釋

投資再平衡

投資再平衡即為定期檢視投資組合，調整回原始設定比重。舉例來說，如果打算股債配置各半，經過了一段時間，因為市場價格變動的關係，股票資產上漲了 20%，債券資產下跌了 10%，那麼股債於期末的比例就變成 57：43。此時若把股市部分獲利出場，並逢低買進債券，使股債比例重回 50：50，此過程就稱為「再平衡」。

此做法的好處就是不斷賣出漲多標的、買進跌深標的，可以避免追高殺低；缺點則是，若某一特定標的進入非常長期的牛市或熊市時，會大幅削減獲利部位可能帶來的收益，但是虧損的部位卻是愈買愈賠。因此，再平衡的使用，仍須搭配景氣循環概念來操作為宜。

以為我們帶來多少的額外報酬？能否降低波動風險？表 1 顯示的股市投資比重規畫：

初階模式》榮景期將半數持股轉為現金

初階模式是最簡單的，只要當景氣進入循環後期的榮景期（榮景期的定義和轉折判斷，詳見 4-1、4-2），就將持股比重降至 50%（賣掉一半的股票資產，改成持有現金）。此種操作法，1 年只須調整 1 次（該年第 1 個交易日），並於隔年進行再平衡。

可以發現，這樣的投資法在過去 25 年，僅有 7 年是與傳統被動式指數投資法不同，而且 1 年才調整 1 次，可說是十分簡便。那麼就讓我們來看，25 年

景氣循環投資法會適度調整股市投資比重
——3種投資法配置比重比較表

年度	傳統被動式指數投資法	景氣循環投資法初階模式	景氣循環投資法進階模式
1994	100%	100%	100%
1995	100%	100%	100%
1996	100%	100%	100%
1997	100%	100%	100%
1998	100%	100%	100%
1999	100%	50%	70%
2000	100%	50%	50%
2001	100%	50%	30%
2002	100%	100%	100%
2003	100%	100%	100%
2004	100%	100%	100%
2005	100%	100%	100%
2006	100%	100%	100%
2007	100%	50%	70%
2008	100%	50%	50%
2009	100%	100%	100%
2010	100%	100%	100%
2011	100%	100%	100%
2012	100%	100%	100%
2013	100%	100%	100%
2014	100%	100%	100%
2015	100%	100%	100%
2016	100%	100%	100%
2017	100%	50%	70%
2018	100%	50%	50%

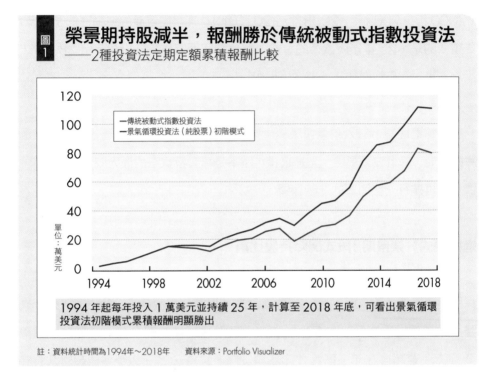

圖1 榮景期持股減半，報酬勝於傳統被動式指數投資法
——2種投資法定期定額累積報酬比較

單位：萬美元

—傳統被動式指數投資法
—景氣循環投資法（純股票）初階模式

1994年起每年投入1萬美元並持續25年，計算至2018年底，可看出景氣循環投資法初階模式累積報酬明顯勝出

註：資料統計時間為1994年～2018年　　　資料來源：Portfolio Visualizer

下來，報酬率的差距有多少？

圖1設定的原始投入本金為1萬美元，初始年份為1994年第1個交易日。此後每年於最後1個交易日投入1萬美元，並持續至2018年末（12月）為止。

在這25年期間，景氣循環投資法的初階模式，不但在2次市場巨震中

（2000 年～ 2002 年、2008 年～ 2010 年），其整體資產的波動性低了許多；更重要的是，25 年後所累積的金額，竟比純定期定額指數投資多出 38.3%！平均下來，1 年約增加 1.53% 的報酬率！

就是這麼簡單，融入景氣循環概念後的簡易調整，就能在顯著拉動長期報酬率的同時，降低波動風險。光是這樣，還不是這套投資法的最大威力，接下來，還可以再進行一些簡單的進階微調。

進階模式》榮景期3段式調降持股比重

景氣後期循環即「榮景期」，為期通常為 2 年～ 4 年，我們若在這段期間，採取逐年降低持股，而不是一次砍到 50%（股票與現金各半）的方式，逐年調降股票資產比重為 70%、50%、30%（若榮景期僅為期 2 年，最低持股只降至 50%；若超過 3 年，則第 4 年不再調降，維持 30%，以免多頭超時延長時喪失指數收益）。

理論上，此做法應該可以進一步提高投資收益，並降低波動風險。原因如下：

1. **股市高檔適度讓獲利入袋**：由於資本市場榮景多半和景氣榮景一起結束，因此持股採取逐年降低的時候，投資人將可以盡可能地享受股市多頭榮景帶來的超額收益。

2. 保有現金以利於衰退期低接股票：榮景期意味著此階段會伴隨著升息循環，升息過程是緩步進行的。因此，當現金收益率仍低的榮景期前期維持較低的現金部位，有助提升資金使用效益；而當榮景期走勢尾聲即將反轉前，將持股降至更低的水準，則能讓我們於股市崩挫時，擁有更多資金進場逢低承接超跌的股票。

理論如此，接下來就加入「景氣循環投資法進階模式」一起比較，來看是否支持這樣的論點。

圖 2 顯示，景氣循環投資法初階模式，在降低波動率和提升長期報酬上，相較傳統被動式指數投資法已出現顯著的改善，進階模式則是在這樣的基礎上更進一步。

而在 2 次市場大型系統性風險時期，進階模式向下波動的程度，也比初階模式略微和緩。

令人眼睛一亮的是，在降低波動率的同時，進階模式長期所累積的金額，比初階模式提高了 6.8%，大幅超越傳統被動式指數投資法達 47.78%，換算下來，平均提升約 1.91% 年化報酬率。以 25 年的投資週期來看，真可算是非常驚人的長期差異了！

　　景氣循環投資法的初階模式和進階模式，對於非投資本業的投資人而言，可說是最適宜的長期投資策略，因為它幾乎不需要太多額外的策略或布局調整，只要在特定的年份，微調持股配置即可。

　　這樣的思維邏輯，同樣也有助專業投資人的獲利和風險控管——在值得長期投資布局的大部分時期，不至於曝險不足，導致績效落後大盤；而在市場風險提高時，又能夠兼顧良好的風險報酬比，不會在大回檔時受傷慘重。

　　不過，你知道嗎？這項無論是在報酬率或波動率都顯著優於傳統被動式指數投資法的策略，還可以再進一步提升！

景氣循環投資法 2》股債均衡配置，進一步降低資產波動

　　以上所討論的主要是純股票和現金配置，不考慮其他的資產配置。事實上，我們若再做一點簡單的微調，把現金部分轉換成美國長天期公債（年期為 7 年以上），報酬率和波動率還可以再進一步的優化。

　　此項優化的根據主要有 3 項：

1. 榮景期通常是公債價格低點： 景氣進入榮景期，在 GDP（國內生產總值）

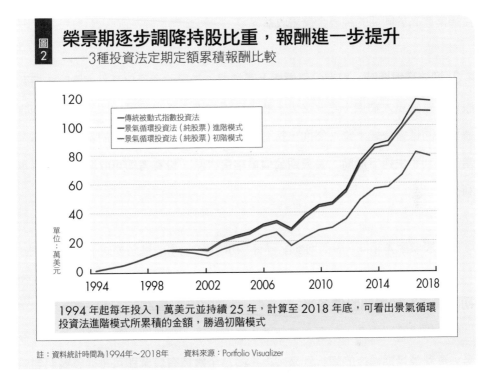

圖2　榮景期逐步調降持股比重，報酬進一步提升
——3種投資法定期定額累積報酬比較

單位：萬美元

圖例：
- 傳統被動式指數投資法
- 景氣循環投資法（純股票）進階模式
- 景氣循環投資法（純股票）初階模式

1994年起每年投入1萬美元並持續25年，計算至2018年底，可看出景氣循環投資法進階模式所累積的金額，勝過初階模式

註：資料統計時間為1994年～2018年　　資料來源：Portfolio Visualizer

成長加速、央行連續升息與通膨竄升的時空下，無風險債券市場（特別是長天期政府公債）會走入長空格局。此時債券價格跌至多年低點，對應其他已漲至相對高點的風險資產，相對投資價值浮現。

2. 榮景期為公債殖利率相對高點，收益優於現金儲蓄：債券價格下跌的同時，代表債券殖利率在上漲。這意味著債券投資人可以獲得更好的孳息收益，此收

益通常會高於同期的純現金儲蓄收益。

　　3. **迎接衰退期時，享有公債價格上漲益處**：當風險資產自高點大跌時，持有股票會蒙受重大虧損；除此之外，利率市場會進入降息循環，即使是現金的收益率也同樣會快速下降。然而，持有長天期公債因為鎖定較高的長天期利率，當市場利率快速下滑時，長天期公債價格會大漲，投資者即可收取潛在的資本利得。

　　與純股票配置相同，股債均衡配置有「初階模式」和「進階模式」2 種操作法：

初階模式》榮景期股債各半

　　初階模式簡單許多，只要當景氣進入後期循環（榮景期）時，將股債配置各半，直到榮景期過後的轉折到來，再平衡為全數持有股票即可（從衰退期到成長期，股市的報酬率將顯著優於債市）。

進階模式》榮景期3段式調降持股比重

　　將股票轉換為債券，同樣採取逐年減少的方式，也就是榮景期的第 1 年為70%、第 2 年 50%、第 3 年為 30%，此後不再降低，直到再平衡轉折點到來。

　　理論上，進階模式的景氣循環投資法（股債均衡），報酬率應該會是最理想

的,主要有 2 個因素:

1. 榮景期前期避免布局過多高價債券,否則恐衝擊投資收益:從景氣成長期到榮景期,是債市自大多頭進入大空頭的重要趨勢轉折;而當債市開始走長空的同時(榮景期前期),債券價格並不漂亮,也就是價格相對高昂、殖利率也偏低。過早布局太多債券,不但喪失股市報酬的機會成本,持有的債券本身收益率也不盡理想。

2. 榮景期後期增加債券布局,準備迎接債市多頭:當榮景期走到後期,走下滑趨勢的債券價格,已經處於價格相當漂亮的位置了,殖利率自然也在相對高檔。而此時股市高處不勝寒,因此可將漲高的部分股票資產,逐步轉換為債券,不但能享有債券的理想孳息收益、還可擴大債市多頭再臨的資本利得機會,並且在衰退期來臨之前,進一步降低潛在的股市崩盤風險。

股債均衡配置進階模式,報酬較高且波動較低

最後來看實際的報酬率表現吧!同樣自 1994 年起每年投入 1 萬美元並持續 25 年,計算至 2018 年底,股債均衡策略無論是初階或進階,長期報酬率顯然有最佳的表現,更明顯優於傳統被動式指數投資法(詳見圖 3)。足以見得,妥善運用股市與債市之間的消長關係,的確是比純股票投資更好的策略。

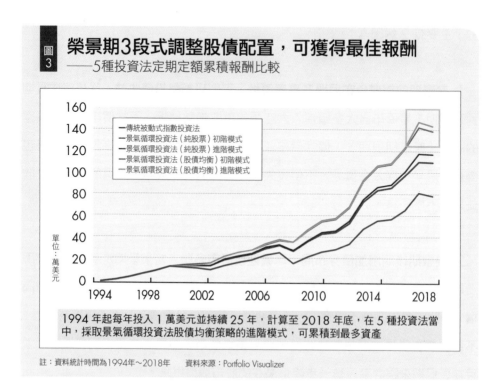

圖3　榮景期3段式調整股債配置，可獲得最佳報酬
——5種投資法定期定額累積報酬比較

單位：萬美元

圖例：
— 傳統被動式指數投資法
— 景氣循環投資法（純股票）初階模式
— 景氣循環投資法（純股票）進階模式
— 景氣循環投資法（股債均衡）初階模式
— 景氣循環投資法（股債均衡）進階模式

1994年起每年投入 1 萬美元並持續 25 年，計算至 2018 年底，在 5 種投資法當中，採取景氣循環投資法股債均衡策略的進階模式，可累積到最多資產

註：資料統計時間為1994年～2018年　　資料來源：Portfolio Visualizer

　　進一步來看累積報酬，景氣循環投資法加入股債均衡配置的概念後，初階模式所累積的報酬為 138 萬 4,933 美元，比起純股票配置進階模式累積的 117 萬 6,440 美元，大幅高出 17.7%；若拿來和最原始的傳統被動式指數投資法相比，更是高出達 73.8%！

　　股債均衡的進階模式，所累積的報酬則是 143 萬 871 美元，比純股票配置

進階模式高出約 21.6% 的報酬，相較原始的傳統被動式指數投資法則是多了79.6%！換句話說，光是採用簡單的股債均衡配置，初階和進階策略分別可以為你多帶來高達每年約 3% 及 3.18% 的額外收益，這實在是非常驚人的差異！

更難能可貴的是，若仔細端詳圖 3，你會發現，景氣循環投資法（股債均衡）進階模式雖然享有最高的報酬，在遇到股市重挫時，下挫幅度卻最為和緩（2000 年～ 2002 年、2007 年～ 2009 年，甚至 2018 年都可明顯看出，當市場回挫時，景氣循環股債均衡策略的回檔幅度更低）。

這些數據已經清楚顯示，景氣循環投資法不但簡明、容易操作，時間拉長又能享有更高的報酬，以及更低的向下波動，著實是最佳的長期投資策略！這呼應我們在前言所說：「掌握了總體經濟，就掌握了景氣循環；而掌握了景氣循環，就掌握了投資方向；而有了投資方向，獲利自然是水到渠成！」

而正是因為景氣循環如此的重要，因此接下來將帶你深入認識每個景氣循環週期的內涵，以及衍生的細部對應操作策略。

正確判讀景氣循環4週期
抓住致勝轉折關鍵

1-5

　　「老實說，我從未關注經濟學家說了什麼？」巴菲特說。「你想想看，你有
這麼多智商 160 的經濟學家窮盡畢生功力研究，但你有聽過哪位經濟學家真的
從股票賺到大錢嗎？沒有。」（"I don't pay any attention to what economists say,
frankly," Buffett said two years ago. "Well, think about it. You have all these economists
with 160 IQs that spend their life studying it, can you name me one super-wealthy
economist that's ever made money out of securities? No."）

────華倫‧巴菲特（Warren Buffett），2016 年 2 月 29 日《CNBC》訪問

　　本節帶領大家初步認識了美國景氣循環的樣貌，以及搭配總體經濟的景氣循
環投資法；若想要避免巴菲特所描述「經濟學家象牙塔式的投資困境」，並且
成功將景氣循環運用到實際的投資行為，那麼正確研判景氣循環的位置，是非
常重要的關鍵。若無法正確研判，甚至誤判，肯定會大幅降低這項投資策略的

效益（因為這套投資法的長期報酬走向，仍然非常貼近被動投資；若僅是不慎錯誤解讀景氣循環，頂多降低投資效率，尚不致造成長期虧損）。

換句話說，若要讓這項投資策略發揮到最佳狀態，就必須切實理解和掌握景氣循環的脈絡！因此，從第 2 課開始，就要帶你深入探究 4 大景氣循環原則和轉折關鍵。我將依序說明 4 大景氣循環週期，包括復甦期、成長期、榮景期與衰退期，並且在每個週期搭配適合的投資策略建議。

在此說明，接下來講述的景氣循環週期內容，選取的分析時期主要是 1990年之後約 30 年內。在這段期間內，美國共經歷 3 次完整的景氣循環，諸多主客觀環境和現在的差異較小，以及各項官方統計數據皆相當齊備，最為有助解讀各景氣階段的精要。

而在進入各節細部分析之前，先提供大家一張簡要的「景氣循環判讀表」（詳見表 1），陳述各景氣週期階段內的次週期（前期、中期、後期），以及所該注意的「觀察主軸」，還有各週期所代表的意涵，可提供你理解並判讀各週期數據的先備知識及分析索引。

前期、中期、後期的觀察主軸，用意是清楚了解當經濟向前運行的同時，作為分析者應該關注的「經濟數據方向」；而「現象解讀」則是當數據方向有效

表1　正確解讀景氣循環週期，有助於確立投資策略
——景氣循環判讀表

復甦期	前期	中期	後期
觀察主軸	景氣落底是否確立？	落底後的回升情況？	經濟數據基期墊高後增長回落程度？
現象解讀	落底＝復甦期開始	回升＝景氣全速復甦	回落＝景氣週期轉換的陣痛期將到來
成長期	**前期**	**中期**	**後期**
觀察主軸	數據再次轉強後，強度大小為何？	核心數據是否保持穩健增長？	透支消費現象是否發生？
現象解讀	轉強＝景氣進入穩定擴張期	增長＝維持可持續經濟增長	發生＝準備進入後期循環
榮景期	**前期**	**中期**	**後期**
觀察主軸	透支消費後是否帶動民間投資升溫？	景氣升溫後增長能否持續？	趨勢轉折警訊是否出現？
現象解讀	投資＝協助景氣轉熱	增長＝步向失衡過熱	警訊＝預告趨勢轉折
衰退期	**前期**	**中期**	**後期**
觀察主軸	轉折是否確立？	景氣是否加速轉壞？	衰退情勢是否逐漸緩和？
現象解讀	轉折確立＝景氣確定反轉向下	加速＝景氣顯著衰退	緩和＝衰退週期結束倒數計時

確立時，所代表的「總經趨勢意涵」。

　　當然，再多的抽象描述還不如實際演練！接下來，請和我一起深入掌握 4 大景氣循環週期的奧義。

景氣循環週期1》
復甦期

2-1 景氣收縮期過渡至擴張期 投資布局最佳時機

「這是最好的時候，也是最壞的時候。」（It was the best of times. It was the worst of times.）

——查理·狄更斯（Charles Dickens），
1859 年《雙城記》（A Tale of Two Cities）

景氣循環的濫觴，是從強烈收縮週期（亦即衰退期）後逐漸浮現。

這段時期，可以說是整個景氣循環和投資週期中最壞的時期，因為大部分的人們都還驚魂未定，尚未從前一段痛苦中走出，因此市場會顯得格外悲觀。

但是，這同時又是個最好的時代，因為所有的風險資產幾乎都處於極低的價位，但黑夜已經過去、黎明升起，接下來迎接的可是炙耀的白日！這段時期多

復甦期為景氣循環的過渡期
—— 美國3項經濟指標及景氣循環對照圖

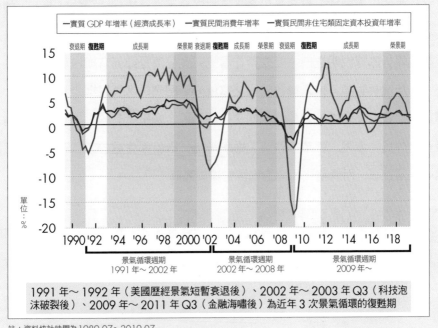

1991 年～1992 年（美國歷經景氣短暫衰退後）、2002 年～2003 年 Q3（科技泡沫破裂後）、2009 年～2011 年 Q3（金融海嘯後）為近年 3 次景氣循環的復甦期

註：資料統計時間為1989.07～2019.07
資料來源：聖路易聯邦儲備銀行（fred.stlouisfed.org/graph/?g=pq3r）

半不會太長，因為它是景氣的過渡期，是從收縮期過渡到穩定擴張期的橋樑。

　　本書4大週期循環，就要從這麼1個既充滿希望、又滿是恐慌的時期說起（詳見圖1）。

正確解讀 4 大現象，確認最壞情況已過

　　從紛雜的經濟數據，且多半仍令人不盡滿意、甚至糟糕透頂的情況下，如何判讀寒冬將過，初春乍現？若做不到這點，就無法抓住復甦期的腳步。在進入重要的轉折數據說明之前，要先帶你看，究竟經濟是如何有辦法從衰退期的谷底，重拾增長動能，進入復甦階段？這就必須回到，當衰退期走到尾聲時，整體總體經濟環境是處於怎樣的氛圍？這個階段，幾乎所有的指標，包含內需、投資、外貿、赤字、就業、薪資、通膨等增長數值都會處於低檔、消費和投資信心跌落谷底，而債務比和違約率則會處於高峰。

　　不過，就在這樣一個市場悲觀的時刻，你會看到 4 個重要的有利經濟好轉的背景條件逐漸浮現；然而，市場卻會有截然相反的錯誤迷思存在，因此投資者務必要掌握正確解讀的重點：

現象1》貨幣政策寬鬆走向極致
錯誤迷思：貨幣政策恐無效
正確解讀：貨幣政策終將發威

　　當景氣進入復甦期後，貨幣環境處於極度寬鬆的狀態，短期、長期利率都位於低點。代表美國短期利率的「聯邦基金利率」（Effective Federal Funds

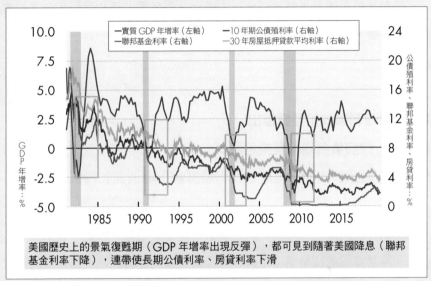

圖 2 **景氣走疲後美國連續降息，同步拉低市場利率水準**
——美國景氣復甦期的貨幣環境變化

美國歷史上的景氣復甦期（GDP 年增率出現反彈），都可見到隨著美國降息（聯邦基金利率下降），連帶使長期公債利率、房貸利率下滑

註：1.資料統計時間起始自1981.01；2.「實質GDP年增率」數據截至2019.07；2.「聯邦基金利率」數據截至2019.10；3.「10年期公債殖利率」及「30年房屋抵押貸款平均利率」數據截至2019.10.31；4.灰底為景氣衰退期間
資料來源：聖路易聯邦儲備銀行（fred.stlouisfed.org/graph/?g=nHfv）

Rate），經過連續降息後，正是在歷史低點；美國長期公債利率及連動性高的長期借貸利率也同步下滑，可分別觀察「美國 10 年期公債殖利率」（10-Year Treasury Constant Maturity Rate）與「美國 30 年房屋抵押貸款平均利率」（30-Year Fixed Rate Mortgage Average in the United States）這 2 項指標（詳見圖 2）。

寬鬆的貨幣環境，若對於銀行存戶而言，無非是存款利息變少。然而，從另1個角度來看，長短利率的顯著下滑，卻能有效降低個人與企業的貸款利息支出，不但有助於改善景氣榮景期建立的過度負債負擔，優化民眾和企業的資產負債表；更讓大家得以壓低資金的取得成本，同時刺激新一輪的民間投資和消費誘因。

現象2》財政刺激政策陸續推出
錯誤迷思：政府債台高築將拖垮經濟
正確解讀：藏債於政府、藏富於民，將撐起市場消費和投資信心

美國的民意支持度，一向與經濟施政的良窳息息相關。因此，當景氣進入下行循環，除了寬鬆的貨幣環境之外，美國政府當局也會開始推出連串的財政刺激政策。

財政刺激手段可分為受共和黨青睞的「減稅」，以及民主黨所鍾情的「擴大支出」。由於兩黨政治預算上需要妥協之故，有時常常是「雙管齊下」。例如本世紀初的科技泡沫破裂（2000 年）及 911 事件（2001 年）帶來的景氣衰疲，當時的小布希（George Walker Bush）政府採行「減稅」和「擴大開支」並行的方式——這可說是融合供應學派（Supply-side economics）和凱因斯學派（Keynesian economics）的決策邏輯。

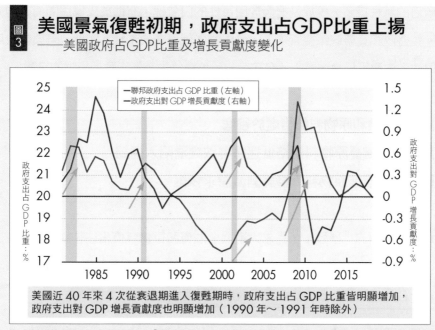

圖 3 **美國景氣復甦初期，政府支出占GDP比重上揚**
——美國政府占GDP比重及增長貢獻度變化

美國近 40 年來 4 次從衰退期進入復甦期時，政府支出占 GDP 比重皆明顯增加，
政府支出對 GDP 增長貢獻度也明顯增加（1990 年～ 1991 年時除外）

註：1.資料統計時間為1981年～2018年；2.「政府支出對GDP增長貢獻度」包含聯邦政府及地方政府支出；2.灰底為景氣衰退期間
資料來源：聖路易聯邦儲備銀行（fred.stlouisfed.org/graph/?g=pq5A）

　　2009 年歐巴馬（Barack Obama）入主白宮之後，他所屬的民主黨其實並
不熱中減稅；但是，在 2009 年總額高達 7,750 億美元的經濟振興方案裡，
同樣有 3,000 億美元是用來減稅。在擴大開支方面，共和黨聚焦於國防層面
（如小布希政府），民主黨則是聚焦於擴大福利保障層面（如歐巴馬政府）。
然而無論是何種形式的政府擴大開支，都會讓政府支出占 GDP 比重上揚、貢
獻度增加，並且為經濟提供一定程度的支撐（詳見圖 3）。

政府的減稅措施，等於是把錢放回百姓的口袋裡，有助於支撐民間消費的動能。當財政和貨幣政策雙管齊下，景氣動能就可漸次走穩。因此，若誤認政府的財政刺激政策只會讓國家債台高築，恐怕會錯失景氣復甦期出現的訊號。

現象3》油價和原物料價格處於谷底
錯誤迷思：擔憂原物料價格低迷將導致經濟陷入通縮
正確解讀：低廉原物料價格將刺激需求恢復

經過衰退期的「摧殘」，需求大崩盤，油價和原物料價格往往跌落谷底。此時市場往往會擔心浮動，一旦油價繼續降低，造成物價持續下跌，恐怕會讓消費者一直延後消費，最後使經濟陷入通貨緊縮（deflation）。

事實上，這樣的擔憂是多慮了。因為就工業原料和民生必需品而言，走低的油價乃至於原物料價格，對於工業生產或民間消費都具有極大助益。

以美國為例，民眾主要的交通工具是汽車運輸，通勤所需用油的需求彈性很低，民眾會一直有用油的基本需求；而在用油支出的自然排擠效應下，油價漲跌幅左右了長期消費力的消長。舉例來說，當油價下降，民眾並不會因為期待油價即將降低而不去加油，反而因為油變得便宜了，生活中的這項重要支出成本變低，剩餘的可支配所得自然變高，就會提升民眾的消費意願。

美國景氣復甦期間，低價原物料推動消費增長
—— 美國原物料物價與個人消費支出相關數據變化

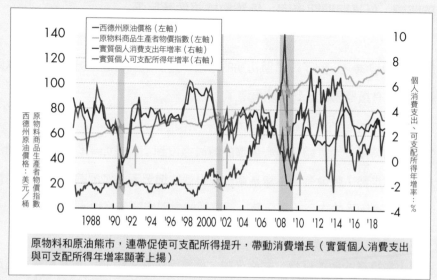

原物料和原油熊市，連帶促使可支配所得提升，帶動消費增長（實質個人消費支出與可支配所得年增率顯著上揚）

註：1.資料統計時間起始自1981.01；2.「西德州原油價格」數據截至2019.10.28；2.「原物料商品生產者物價指數」數據截至2019.09，指數以2008年1月為基期，基期指數＝100；3.「實質個人消費支出年增率」及「實質個人可支配所得年增率」數據截至2019.07；4.灰底為景氣衰退期間
資料來源：聖路易聯邦儲備銀行（fred.stlouisfed.org/graph/?g=nlkW）

　　直接看過去的經濟數據，近 30 多年來，當美國景氣進入衰退期，油價出現崩跌，都讓民眾的可支配所得增加，進而拉動民間消費需求（詳見圖 4）。

　　只要內需可以恢復，美國經濟自然就會回到增長的軌道上來。整體來看，油價和原物料的大跌走勢，對於刺激消費的效能，可以視同實質「減稅」。

現象4》經濟數據都已走到極低基期
錯誤迷思：最壞時候還沒來
正確解讀：低基期週期走完，總經數據將顯著反彈

最後 1 個現象——到了復甦期初期的階段，經濟數據會逐漸好轉的最根本原因就是「所有指標已經壞到不能再壞了」。

景氣差的時候，大家總是擔心最壞的時候還沒到；但是如果你願意持續關注經濟指標的走勢，就會發現，當基期已經很低的情況下，搭配前述 3 項對總體經濟正向發展因子的作用逐漸發酵，經濟數據會開始顯著好轉。

不要小看這樣的數據好轉，嚴格來說，經濟活動和「信心」息息相關。當市場看到數據開始好轉，即便很大程度是基期因素，還是可以讓消費者和廠商喘一口氣，並一定程度地提升消費和投資信心；而消費與投資信心這 2 點，正是經濟最終走出衰退泥淖的關鍵！

把握住這一點，就能比他人更早搭上新一波景氣擴張的多頭列車。講完 4 大現象和迷思後，覺得熟悉嗎？對於這些現象的錯誤迷思解讀，總是充斥在復甦期初期的各式評論裡，讓原本應該是要充滿樂觀的最好時代，反而被塑造成要極度悲觀、保守的悲慘世界！

正是因為過度沉浸在這樣的「恐嚇」之下，太多人就此錯過了一生難得的少數絕佳投資契機，豈可不慎？

而最多人關心的，想必是景氣衰退到底要持續多久，才會落底反彈、迎來復甦期？我們不必妄自猜測，過早預判確切的時間點，接下來我會一一告訴你，如何從幾項關鍵的經濟指標，逐漸確認復甦期的正式來臨。

判斷復甦期關鍵4指標》
2-2
就業、消費、投資、進出口

　　光是正確解讀復甦期的現象,以及破除市場普遍迷思是不夠的。有沒有哪些重要的指標,可以明確定義景氣走出慘澹的衰退期,正式重回增長循環?有的,從就業、消費、投資和進出口等 4 指標,就可以抓住趨勢轉折的關鍵!

　　衰退期之所以讓民眾和主政當局膽寒,是因其所造成的就業市場寒冬,導致失業人數大增,失業率飆升。然而,正因為市場總是過度關注居高不下的失業率,往往沒注意到就業市場的春天,已悄悄降臨。

　　既然就業市場需要優先關注,那麼觀察「失業率」(Unemployment Rate,詳見名詞解釋)能不能發現就業好轉的線索?其實,失業率這項指標,對於景氣轉折的指引,效度並不那麼好。在美國過去 4 次的景氣循環中,只有 1 次是在復甦期啟始的同時,失業率就同步見高回落(1983 年~ 1984 年);其餘 3 次當中,1 次是到了復甦期的中期之後,失業率才開始下滑(2009 年~2010 年),而另外 2 次甚至在復甦期間內,失業率還持續攀高(1991 年~

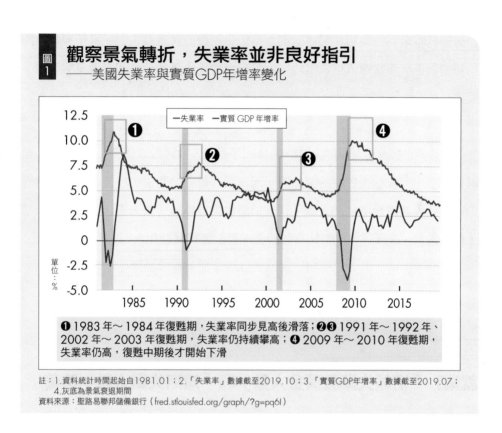

圖1 **觀察景氣轉折，失業率並非良好指引**
──美國失業率與實質GDP年增率變化

❶ 1983年～1984年復甦期，失業率同步見高後滑落；❷❸ 1991年～1992年、2002年～2003年復甦期，失業率仍持續攀高；❹ 2009年～2010年復甦期，失業率仍高，復甦中期後才開始下滑

註：1.資料統計時間起始自1981.01；2.「失業率」數據截至2019.10；3.「實質GDP年增率」數據截至2019.07；4.灰底為景氣衰退期間
資料來源：聖路易聯邦儲備銀行（fred.stlouisfed.org/graph/?g=pq6l）

1992年、2002年～2003年，詳見圖1）。

　失業率無法立即改善的原因在於美國就業市場的彈性較大（與歐洲、日本相比），美國對於採取裁員來改善企業競爭力容易許多，因此在衰退期內會出現大量的失業人數。只是，快速裁減不必要的人力支出，終究會有滿足點；當整

體勞動成本來到企業可持續經營的水準後，就會放緩裁減人力，甚至視需求開始新增員工。而當進入這個階段，就業市場會逐步落底，進而支撐景氣落底、回溫。

值得注意的是，在這個過程中，先後順序是先「放緩裁減員工」，然後才「增聘員工」。因此在復甦期的開始時，因為新增員工的需求仍小於裁減員工的壓力，因此「非農新增就業人數」往往仍然會處於負值（失去工作人數大於新增工作人數），失業率當然無法有效改善，甚至還持續惡化。

這麼一來，此時市場就會非常悲觀，認為慘澹景氣的回復遙遙無期，殊不知就業市場回春的草苗早已萌芽！

就業》「初領失業救濟金人數」和「短期失業人數」改善

既然失業率和非農新增人數都無法傳遞可靠訊息，究竟，有沒有可靠的指標，能協助判斷新一輪的就業增長循環已然發生？有的，那就是「初領失業救濟金人數」（Initial Jobless Claims，詳見名詞解釋）和失業低於 5 週的「短期失業人數」（Number Unemployed for Less Than 5 Weeks）。

參照這 2 項數據的邏輯，其實是一致的。當企業開始前段所述的過程──減

美國就業重要數據

美國勞工部勞動統計局（Bureau of Labor Statistics，簡稱BLS）於每月第1個週五公布就業報告，包含非農就業相關數據與失業率數據；初領失業救濟金人數則為每週四公布前一週數據。

非農就業相關數據

主要包含：1.「非農就業人口」，此為排除從事農業的就業人數，是觀察美國就業市場的重要指標；2.「非農新增就業人數」，指新增就業人數減去失業人數。

失業率

失業人數占總勞動人口的比重。

初領失業救濟金人數

首次請領美國政府失業救濟金的人數。

少裁減員工的力道時，必然會讓初領失業金的人數，以及短期失業者的人數下滑（代表新增的失業人數增長開始趨緩）：

1.「初領失業救濟金人數」高峰期，為復甦期起點

美國過去4次復甦期的啟始時間點，幾乎和初領失業救濟金人數的高峰期完全一致，分毫不差（詳見圖2）。以最近2009年邁入復甦期時為例，當年3月28日初領人數達到66萬5,000人高峰，而後逐漸下降，大約2個月後即

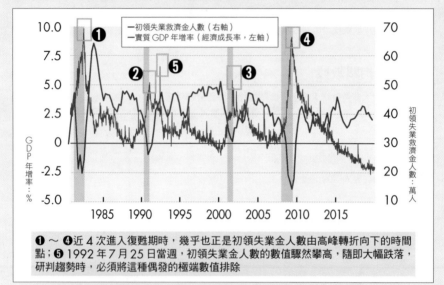

圖2 初領失業救濟金人數高峰出現在景氣復甦期起點
——美國初領失業救濟金人數與實質GDP年增率變化

❶～❹近4次進入復甦期時,幾乎也正是初領失業金人數由高峰轉折向下的時間點;❺1992年7月25日當週,初領失業金人數的數值驟然攀高,隨即大幅跌落,研判趨勢時,必須將這種偶發的極端數值排除

註:1.「初領失業救濟金人數」資料統計時間為1981.01.03～2019.10.26;2.「實質GDP年增率」資料統計時間為1981.01～2019.07;3.灰底為景氣衰退期間
資料來源:聖路易聯邦儲備銀行(fred.stlouisfed.org/graph/?g=pq6S)

進入復甦期。

2.「短期失業人數」高點反轉,意味就業市場回春

再看看從 1948 年以來歷經的 10 次景氣循環,進入復甦期的時間,也可以見到短期失業人數於高點反轉(詳見圖 3),準確指出就業市場回春的轉折時

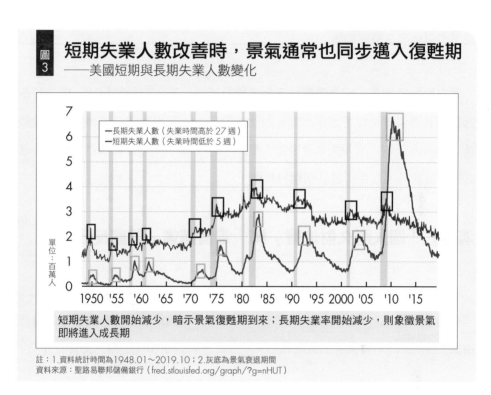

圖3 短期失業人數改善時,景氣通常也同步邁入復甦期
——美國短期與長期失業人數變化

長期失業人數(失業時間高於 27 週)
短期失業人數(失業時間低於 5 週)

單位:百萬人

1950 '55 '60 '65 '70 '75 '80 '85 '90 '95 2000 '05 '10 '15

短期失業人數開始減少,暗示景氣復甦期到來;長期失業率開始減少,則象徵景氣即將進入成長期

註:1.資料統計時間為1948.01～2019.10;2.灰底為景氣衰退期間
資料來源:聖路易聯邦儲備銀行(fred.stlouisfed.org/graph/?g=nHUT)

點,敏銳程度更優於長期失業人數(Number Unemployed for 27 Weeks & Over)的變化。

理論上來說,當短期失業者開始減少時,意味景氣正式從衰退期走出,進入復甦期。而當長期失業情況都開始改善的同時,就意味景氣準備進入穩定成長期(更多「成長期」相關分析詳見第 3 課)。這 2 項數據的效度差不多,實際

使用上可做相互對照驗證。

要提醒大家的是，初領失業救濟金人數為每週公布，時效性較佳。但由於每週數據有時候會受特定因素影響，因此波動較大。若出現偶發的極佳或極差數據（例如圖 2 中，初領失業救濟金人數於 1992 年 7 月 25 日驟然攀高），務必要將其排除，以免影響長期趨勢判斷。

消費》「個人耐久財消費」與「零售銷售」落底反轉

就業市場漸露曙光，影響所及就是民間的消費力將會漸次回升。其實，民間消費的相關數據，無論是個人消費支出年增率、零售銷售等，都是很好的量測指標；各項民間消費數據的低點轉折，大致符合衰退期和復甦期的交會時間點。

因此，想要最有效率地觀察這些數據，可以把重點放在「哪一項數據的時效性最快？」對此，推薦使用「零售銷售（Advance Real Retail and Food Services Sales）年增率」和「個人耐久財消費支出（Personal Consumption Expenditures: Durable Goods）年增率」。

這 2 項數據特性是逐月發布，因此實際數據和發布的時間落差，大約只有 1 個多月而已（前者於隔 2 個月的月初發布，後者則為月中發布）。

景氣醞釀在谷底回溫時，「零售銷售」更能提前落底反彈

選用這 2 項數據，除了發布時效快這個優點之外，更重要的是，這兩者具有更佳的趨勢確立性。細心的讀者可以發現，零售銷售年增率在景氣熱絡的時候，會早於整體民間消費走疲；相反地，零售銷售年增率也會在景氣谷底的時候，略微提早落底反轉（詳見圖 4）。

這是因為美國人最主要的內需消費比重，其實並非以商品為主的零售消費（僅占 3 成左右），而是服務業的消費。當景氣熱絡時，以提升生活品質為主的服務業如觀光、教育、金融服務、專業諮詢、藝文體育等活動的需求會大幅提升。因此景氣循環後期的榮景期，雖然商品消費已現疲態，但整體民間消費，還是可以在服務業的榮景下支撐一段時間，才告反轉。

在谷底時，商品消費的撙節終有極限，因為有太多民生必需品（如衛生紙、食物、衣服、能源等）是生活不可或缺的，因此衰退不會遙遙無止期。零售銷售年增率的落底時間，會略早於包含服務業為主的整體個人消費支出（Real Personal Consumption Expenditures）年增率。

而個人耐久財消費方面，由於耐久財通常屬於較大金額的消費（如汽車、家電、家具等），當個人耐久財消費支出年增率不再惡化時，代表著消費者對於長期景氣的展望已經好轉，才會願意去添購耐久財。當必需品消費和耐久財年

增率都觸底回升時，自然意味整體內需動能的恢復已水到渠成，景氣寒冬已過，準備向上轉折。

投資》「耐久財訂單」走出低迷可視為衰退期告終

如果說，民間消費動能的恢復，是景氣能否脫離谷底的關鍵，民間投資的動能就是臨門一腳了。原因在於，如果企業的信心和成長未恢復，那麼就業和消費市場縱有迴光返照，也終究難以持久。

民間投資是否有回溫，關鍵當然要看固定資本投資是否有所好轉。不過，從總體經濟的角度來看，企業雖然作為資本主義社會當中最具競爭力的組織（以獲利為最高目的），但對於景氣轉折的判斷，卻往往是「後知後覺」。

這一點，除了在榮景期的過度投資熱潮可以看到之外（詳見第 4 課）；在經過衰退期的摧殘後，企業投資信心的恢復，是非常緩步的。

然而，還是有相當好的指標可以協助我們領先判斷民間投資動能的重拾──那就是「耐久財訂單」，建議觀察的指標為私人固定資本投資（Private Nonresidential Fixed Investment）年增率、製造業耐久財新訂單（Manufacturers' New Orders: Durable Goods）年增率。

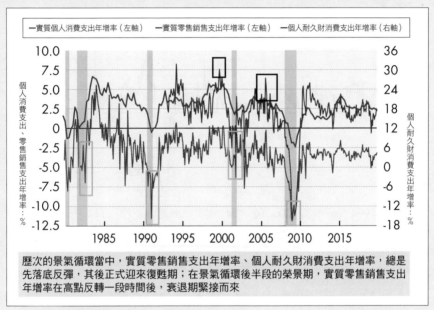

圖4 零售銷售與耐久財消費向上反彈，領先確認復甦期
——美國個人耐久財消費與零售銷售支出年增率變化

歷次的景氣循環當中，實質零售銷售支出年增率、個人耐久財消費支出年增率，總是先落底反彈，其後正式迎來復甦期；在景氣循環後半段的榮景期，實質零售銷售支出年增率在高點反轉一段時間後，衰退期緊接而來

註：1.「實質個人消費支出年增率」資料統計時間為1980.01～2019.07；2.「實質零售銷售支出年增率」為1993.01～2019.09；3.「個人耐久財消費支出年增率」資料統計時間為1980.01～2019.09；4.灰底為景氣衰退期間
資料來源：聖路易聯邦儲備銀行（fred.stlouisfed.org/graph/?g=nHW0）

　　耐久財的需求，無論是來自消費端或來自工業端，除了部分過低庫存的回補，更多的是代表一定程度消費和投資信心的恢復。在這個拉貨過程中，會讓仍保有競爭力的廠商營運開始轉強，並逐漸建構起對景氣正面的信心，進而最終帶動投資回溫。

圖5 **耐久財訂單落底,領先預告整體民間投資動能將回溫**
──美國私人固定資本投資與耐久財新訂單年增率變化

近 2 次景氣循環,分別在 ❶ 2002 年、❷ 2009 年時,都可以見到 2 項耐久財訂單指標明確走出低迷,預告著衰退期結束、復甦期來臨

註:1.「私人固定資本投資年增率」資料統計時間為1993.01~2019.07;2.「製造業耐久財新訂單年增率」為1993.02~2019.09;3.灰底為景氣衰退期間
資料來源:聖路易聯邦儲備銀行(fred.stlouisfed.org/graph/?g=nl0C)

　　所以,只要發現耐久財訂單不再惡化,甚至緩步爬升,基本上就可判定,衰退期已告終結,景氣將進入復甦期(詳見圖5)。

進出口》「進口金額年增率」回溫即景氣復甦

　　最後一項有助判斷景氣是否進入復甦的關鍵數字為「進口金額年增率」。

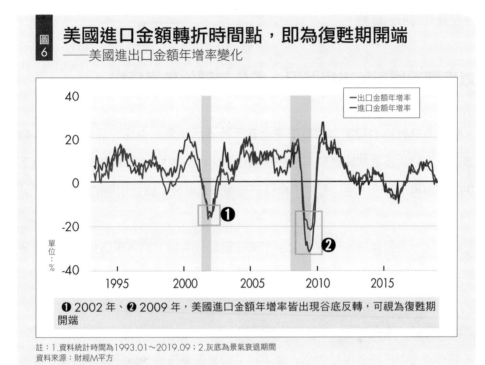

圖6 美國進口金額轉折時間點，即為復甦期開端
──美國進出口金額年增率變化

出口金額年增率
進口金額年增率

40

20

0

-20

單位：%

-40

1995　2000　2005　2010　2015

❶ 2002 年、❷ 2009 年，美國進口金額年增率皆出現谷底反轉，可視為復甦期開端

註：1.資料統計時間為1993.01～2019.09；2.灰底為景氣衰退期間
資料來源：財經M平方

　　無論是消費或投資活動的復甦，以美國經濟來說，因為大量的消費品、工業原料和耐久財都仰賴進口，因此進口數據會領先回溫。

　　當進口金額年增率開始從低基期谷底改善時，同時揭開新一輪復甦期的開展（詳見圖6）；緊接著，出口金額年增率也會隨之落底反彈。進出口金額也是相對具有時效性的數字（於隔 2 個月後的月初發布），因此能協助投資人較快

抓住景氣轉折的契機。

以客觀數據判別市場狀況，避免無謂的恐慌情緒

在景氣復甦期的初期，由於市場上充斥著 4 大現象的迷思（詳見 2-1），會讓多數人錯失正確判讀景氣落底的重要信號；但只要抓住本節的 4 指標，當下次復甦期再次到來，相信你就不會跟著市場一起恐慌、錯過市場的轉折點。

畢竟，一旦景氣落底確立，接下來奠基於超低基期上的各項數據就會快速好轉，反映到已經嚴重超跌的風險資產市場，就會出現報復性上漲的行情。

而在數據快速衝高後，本節結語要提醒大家：由於市場甫經過衰退期的衝擊，因此心理上對於景氣復甦的信心會不夠，容易因為市場的風險事件發生，就產生極度負面思維。

特別是當復甦期進入中後期階段，經濟數據經過低基期衝高後的再次回落，若此時發生重大風險事件（例如 2001 年發生 911 恐怖攻擊事件及阿富汗戰爭，或是 2009 年底～ 2010 年歐債危機等），就會再次牽動市場恐慌情緒，引發景氣是否再度陷入衰疲的擔憂，諸多的末世恐慌論述如「大崩壞」、「百年泡沫」或「二次衰退」，都是這種氛圍下的產物。

　　然而，從過去 1 世紀的歷史經驗來看，所謂的「二次衰退」恐慌，缺乏根本數據支持——景氣循環從未在進入復甦進程之後，又很快地走入衰疲！

　　因此，投資人應該做的不是隨市場的雜音起舞，而是該專注聚焦核心數據，觀察其是否持續改善？只要持續改善，總體經濟在經過上述風險事件的淬煉後，增長的步調反而將更為強健，逐漸進入穩定擴張的階段——「成長期」。

投資法1》現金不可為王
勇敢錢進股市

2-3

「短線漲幅已高的情況下，還能追嗎？或是，拉回可以加碼嗎？」

「關於這個問題，我不便給予明確的答案，不過，如果在 2009 年這個轉折的開始，你不打算採取任何行動的話（編按：買進），那麼 3 年後……，你應該還會來問我同樣的問題（可以追嗎）。」

————愛榭克（Izaax），〈從美國的經常帳——看未來投資趨勢〉，
2009 年 9 月 6 日智富專欄（10 月號）網誌版

在擬定不同景氣循環週期的投資策略時，必須審慎評估當下所處的風險和報酬位置。對於景氣週期循環投資，有著獨到見解的橡樹資本管理有限公司（Oaktree Capital Management）創辦人——霍華‧馬克斯（Howard Marks），把風險和報酬之間的關係，繪製成 1 張對應圖（詳見圖 1）。

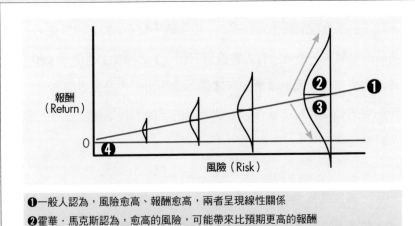

投資標的風險愈高，報酬不一定愈高
——投資風險與報酬關係對應圖

❶一般人認為，風險愈高、報酬愈高，兩者呈現線性關係

❷霍華‧馬克斯認為，愈高的風險，可能帶來比預期更高的報酬

❸愈高的風險，也可能帶來比預期更差的報酬

❹假設由左至右為無風險債券、大型股、高收益債、中小型股票，只要有交易，後三者都有可能出現虧損

資料來源：Oaktree Capital Management

只要有交易行為，都有一定程度投資風險

圖 1 中藍色斜線呈現一般投資人普遍理解的風險與報酬線性關係。霍華‧馬克斯認為，這公認為鐵律的線性關係，其實有一些盲點存在——過度簡化了風險和報酬的正相關性，導致人們相信「風險較高的資產會創造較高的報酬率」。

霍華‧馬克斯質疑，若風險較高的資產，總是可以產生較高的報酬率的話，那其實它們的風險是不會比較高的，這樣就有了定義上的謬誤。

因此，真正的風險報酬關係應該改為：「風險『似乎』較高的投資，必須『呈現』出更高的報酬率，否則沒有人會投資它們。」必須加上「似乎」和「呈現」才是正確的現實情況，因為這麼一來才能明確指出：「投資界無法像一台機器永遠按照一定的公式和規律運作，因此所謂的風險和預期報酬實際上都只能嘗試估計，而無法保證。」

這麼一來，真實的風險與報酬關係就必須改良成圖 1 的垂直軸線和垂直曲線，這代表在不同的對應風險之下，可能的報酬率波動範圍。經由圖 1 可以發現，不同的投資標的，獲利和風險其實並非恆定的，而是隨時處於動態的變化。

因此，本書建議的投資策略，除了 2 大景氣循環投資法（以被動投資為基礎，依照景氣週期調整持股比重，詳見 1-4）之外，接下來，我將根據霍華‧馬克斯的週期投資和風險報酬關係進一步延伸、強化，提供更進階的投資策略建議。

首先，假定圖 1 的 4 個圖形分別代表 4 個投資標的，由左至右分別代表無（低）風險債券（公債、公司債）、大型股、高收益債、中小型股票。針對可能的實際投資報酬，我加上了 1 條紅線（報酬率為 0），可以看到，除了無風

險債券外（持有到期，不考慮購買力風險），其他 3 項投資標的，基本上只要有交易行為產生，都有可能出現一定程度的投資風險（資本利損）。

這樣調整之後，大家可以發現，每一項標的，理論上雖然風險報酬是恆定，但實際上都有可能出現相對高風險，低報酬的情況出現；反之，也可能在特定情況下，可能出現相對高報酬，但是相對低風險的情況。相關的對應關係，可以從圖 1 的弓形圖案進一步檢視（詳見圖 2）：

從圖 2 可以看到，無論是債券、股市或甚至房地產投資，報酬和風險都是動態變化的，而其中影響的關鍵，就是「景氣循環位階」。投資人必須在每個景氣循環週期當下，給予各投資標的正確的評價，才能拿捏有效的進退場依據。茲列出不同格局下對應的策略如下：

格局1》風險相對低、報酬相對高

①策略：勇敢進場、大舉加碼。

②範例：復甦期到成長期的股市、榮景期尾聲的無風險債市（若不持有至到期日，仍有價格波動風險）。

格局2》風險相對低、報酬相對低

①策略：審慎布局、偏多操作。

②範例：成長期至榮景期中期的股市、衰退期初期的無風險債市。

格局3》風險相對高、報酬相對高

①策略：區間操作、做好避險。

②範例：榮景期中期之後的股市、衰退期後期的無風險債市。

格局4》風險相對高、報酬相對低

①策略：全面避開、空方操作。

②範例：榮景期尾聲及衰退期初期的股市、復甦期至成長期的無風險債市。

接下來，就從這個角度出發，來探討景氣復甦期該有的投資策略！

投資機會露出曙光，趁股票被低估時搶先布局

在復甦期階段，市場甫由衰退期的資產大幅減損「震撼」中走出，餘悸猶存。因此，主流的操作思考會由「風險控管」所主導，最常聽到的説法就是，投資要留意風險、「現金為王」，以免再次遭受低迷的市場環境所傷。然而，這是完全錯誤的思考方向！相反地，此時應該是勇敢布局股市的最佳時機。

理由1》股市已被相對低估

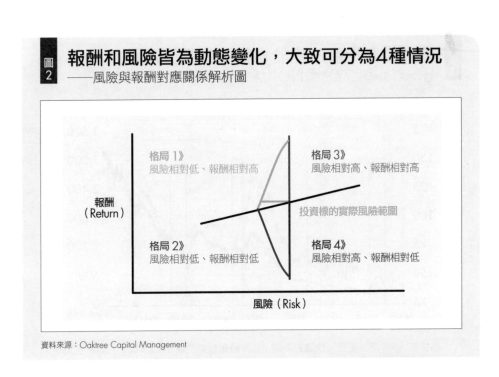

圖2 **報酬和風險皆為動態變化,大致可分為4種情況**
──風險與報酬對應關係解析圖

格局1》
風險相對低、報酬相對高

格局3》
風險相對高、報酬相對高

報酬
(Return)

投資標的實際風險範圍

格局2》
風險相對低、報酬相對低

格局4》
風險相對高、報酬相對低

風險(Risk)

資料來源:Oaktree Capital Management

在這個階段,股市相對來說,已修正至歷史相對低檔區(詳見圖3),從3次復甦期的經驗來看,美股價位皆來到低於巴菲特指標(股市總市值/GDP)合理均值 100% 以下,這意味股市處於被嚴重低估。

理由2》最壞情勢已過

此外,由於景氣進入復甦期後,象徵經濟情勢最壞情況已過,不再像衰退期一樣「深不見底」。

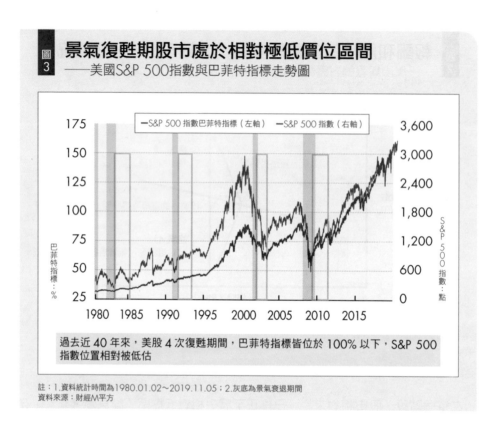

圖3

景氣復甦期股市處於相對極低價位區間
——美國S&P 500指數與巴菲特指標走勢圖

過去近 40 年來，美股 4 次復甦期間，巴菲特指標皆位於 100% 以下，S&P 500 指數位置相對被低估

註：1.資料統計時間為1980.01.02～2019.11.05；2.灰底為景氣衰退期間
資料來源：財經M平方

以個人消費支出為例，此時美國實質個人消費支出（Real Personal Consumption Expenditures）成長加速（詳見圖4），而當內需逐漸恢復，經濟就會邁向增長軌道。

綜合這 2 個理由，就會譜出圖 2 中風險資產最佳投資契機──格局 1，也就

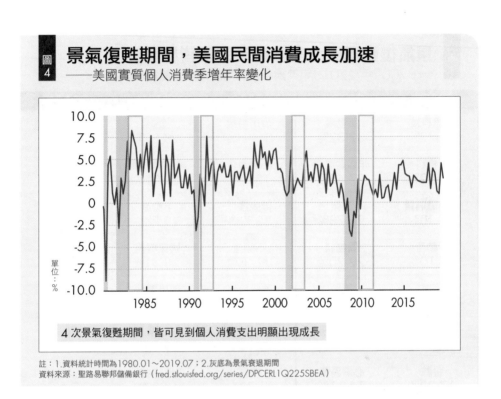

圖4 景氣復甦期間，美國民間消費成長加速
——美國實質個人消費季增年率變化

4次景氣復甦期間，皆可見到個人消費支出明顯出現成長

註：1.資料統計時間為1980.01～2019.07；2.灰底為景氣衰退期間
資料來源：聖路易聯邦儲備銀行（fred.stlouisfed.org/series/DPCERL1Q225SBEA）

是「風險相對低、報酬相對高」，因此，投資人必須於這個階段勇敢布局。

　　復甦期的投資優勢，除了相對位置處於相當低的位階外（回歸均值空間大），更重要的是它的操作難度是最低的。從各產業類別來看，可以發現幾乎無論是投資任何1種產業，都能得到相當理想的回報（詳見表1），換句話說，選股的難度是近乎於「零」。

表1 景氣復甦期間大多數產業報酬皆相當亮眼
——2009年～2018年美國各產業類股逐年報酬率變化

2009年	2010年	2011年	2012年	2013年
資訊科技 61.72%	不動產 32.32%	公用事業 19.91%	金融 28.82%	非必需消費 43.08%
原物料 48.59%	非必需消費 27.66%	必需消費 13.99%	非必需消費 23.92%	健康護理 41.46%
非必需消費 41.30%	工業 26.73%	健康護理 12.73%	不動產 19.74%	工業 40.68%
不動產 27.10%	原物料 22.20%	不動產 11.39%	通訊服務 18.31%	金融 35.63%
工業 20.93%	能源 20.46%	通訊服務 6.27%	健康護理 17.89%	資訊科技 28.43%
健康護理 19.70%	通訊服務 18.97%	非必需消費 6.13%	工業 15.35%	必需消費 26.14%
金融 17.22%	必需消費 14.11%	能源 4.72%	原物料 14.97%	原物料 25.60%
必需消費 14.89%	金融 12.13%	資訊科技 2.41%	資訊科技 14.82%	能源 25.07%
能源 13.82%	資訊科技 10.19%	工業 -0.59%	必需消費 10.76%	公用事業 13.21%
公用事業 11.91%	公用事業 5.46%	原物料 -9.75%	能源 4.61%	通訊服務 11.47%
通訊服務 8.93%	健康護理 2.90%	金融 -17.06%	公用事業 1.29%	不動產 1.60%

資料來源：Thrivent Mutual Funds

2009 年中期～ 2010 年處於景氣復甦期，已可看到各產業報酬率都有不錯的表現；2011 年逐漸
轉入成長期，部分產業則出現較大的修正

2014年	2015年	2016年	2017年	2018年
不動產 30.19%	非必需消費 10.11%	能源 27.36%	資訊科技 38.83%	健康護理 6.47%
公用事業 28.98%	健康護理 6.89%	通訊服務 23.49%	原物料 23.84%	公用事業 4.11%
健康護理 25.34%	必需消費 6.60%	金融 22.80%	非必需消費 22.98%	非必需消費 0.83%
資訊科技 20.12%	資訊科技 5.92%	工業 18.86%	金融 22.18%	資訊科技 -0.29%
必需消費 15.98%	不動產 4.68%	原物料 16.69%	健康護理 22.08%	不動產 -2.22%
金融 15.20%	通訊服務 3.40%	公用事業 16.29%	工業 21.03%	必需消費 -8.38%
工業 9.83%	金融 -1.53%	資訊科技 13.85%	必需消費 13.49%	通訊服務 -12.53%
非必需消費 9.68%	工業 -2.53%	非必需消費 6.03%	公用事業 12.11%	金融 -13.03%
原物料 6.91%	公用事業 -4.85%	必需消費 5.38%	不動產 10.85%	工業 -13.29%
通訊服務 2.99%	原物料 -8.38%	不動產 3.39%	能源 11.01%	原物料 -14.70%
能源 -7.78%	能源 -21.12%	健康護理 -2.69%	通訊服務 -1.25%	能源 -18.10%

　　唯一可能會造成些微差異的時間點在於，當景氣從復甦轉入成長期時，此時略大的修正整理會讓部分類股表現較為差勁（例如 2011 年）；然而，這也完全不需要擔憂，因為勇於在復甦期投資的最大優勢就是——後面還接續著更為強勁的「成長期」，這將是另一個類股輪動、百花齊放的週期。

　　可以説，懂得在復甦期盡可能放大股市曝險，甚至利用槓桿來操作，是最聰明的投資人；而死守現金為王的投資人，就會錯過 10 年難得一遇的大好投資良機。結論是：「復甦期『現金不可為王』，勇敢前進風險資產吧！」

投資法2》把握最佳轉換期 布局高收益債、原物料

對於擁有債券部位的投資人而言，景氣復甦期也是債券市場的一個重要投資轉換期。通常在這個時候，無風險債券（公債、高評等公司債、政府機構債）價格會來到波段高點（詳見圖1）。

若以股債平衡的角度來看，此時宜將大幅獲利的無風險或低風險資產，轉換至其他價值相對被低估的風險資產，例如股市、高收益債或房地產。

無風險債券》僅剩低息利益，可適度轉入高收益債

等到景氣進入成長期後，接踵而來的就是貨幣緊縮環境，美國聯邦準備理事會（The Federal Reserve System，Fed，以下簡稱聯準會）將啟動連續升息行動；比較慘的會如同 2004 年～ 2006 年這段期間，聯準會連續 17 次升息，將聯邦基金利率從 1% 逐步升至 5.25%。由於整體市場利率水平的提高，無風險債券加計配息收益之後的市場現值報酬率，可能趨近於零，甚至出現負數。

好一點的狀況，會如同 2011 年之後的景氣成長期，由於聯準會在相當長的一段時間，都未採取貨幣緊縮行動，因此無風險債券價格能夠持續維持在高檔（編按：聯準會於 2008 年 12 月 16 日於金融海嘯後採取最後 1 次降息後，時隔近 9 年，才於 2015 年 12 月 17 日首次升息）。

但即使如此，以機會成本的角度來看，這段期間去領取區區 1 年 2% 左右的債券孳息，不但無法與股市、高收債和房地產同期高額回報相比，甚至還無法打敗通膨，可謂相當划不來。

換言之，無風險和高評等債券已經進入「報酬相對低、風險相對高（主要為利率和購買力風險）」的「格局 4」，也就是風險相對高、報酬相對低（詳見 2-3 圖 2）。

因此，如何克服心中的恐懼，勇敢將前一段景氣週期（衰退期）為自己帶來豐厚收益的債券投資獲利了結，是復甦期重要的投資課題。

原物料》景氣復甦期易供不應求，常會走出一波短期行情

至於景氣復甦期的原物料市場，若以商品類別來看，如原油、金屬、農產品等，由於景氣衰退帶來的衝擊過鉅，會導致價格走低至非常不合理的水平，甚

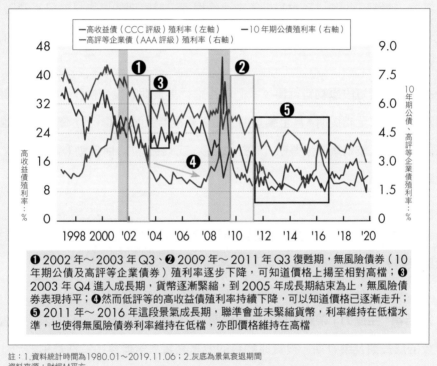

圖1 景氣復甦期間，低評等債券浮現長期投資良機
——美國各級債券殖利率變化

❶ 2002年～2003年Q3、❷ 2009年～2011年Q3復甦期，無風險債券（10年期公債及高評等企業債券）殖利率逐步下降，可知道價格上揚至相對高檔；❸ 2003年Q4進入成長期，貨幣逐漸緊縮，到2005年成長期結束為止，無風險債券表現持平；❹然而低評等的高收益債殖利率持續下降，可以知道價格已逐漸走升；❺ 2011年～2016年這段景氣成長期，聯準會並未緊縮貨幣，利率維持在低檔水準，也使得無風險債券利率維持在低檔，亦即價格維持在高檔

註：1.資料統計時間為1980.01～2019.11.06；2.灰底為景氣衰退期間
資料來源：財經M平方

至低於開採或生產的成本，導致相關生產投資也會大幅降低。

在生產商大幅調控產出的情況下，一旦景氣略微回溫走入復甦期，很容易就

會出現短期「供不應求」的情況。觀察原物料生產者物價指數（Producer Price Index for All Commodities）年增率，從有史可考的 1912 年開始，可以知道在長達 1 世紀、歷經 17 次的景氣衰退循環裡，復甦期的原物料波段漲勢出現 16 次（詳見圖 2）。可見，原物料亦算是景氣復甦期值得深入布局的好標的。

那麼，衝著這段原物料行情，我們能否進行更長期的投資操作？例如持續將相關標的持有至成長期，甚至榮景期？這就要視情況而定了。分辨的方法不難，只要分辨出此波景氣擴張週期，是由「通膨」或「生產力」所帶動（詳見 1-2）？判斷重點如下：

1. **若為「通膨」帶動的景氣擴張週期**：原物料行情會從復甦期延續至成長期及榮景期。

2. **若為「生產力」帶動的景氣擴張週期**：只有復甦期會有原物料的表現機會；其後的成長期及榮景期，投資原物料的效率其實異常低落（特別是相較於 10 倍速增長的股市）。

黃金》長期投資價值逐漸喪失，景氣復甦期應出清標的

原物料市場當中，黃金又是比較不一樣的投資項目。迥異於原物料大致能夠

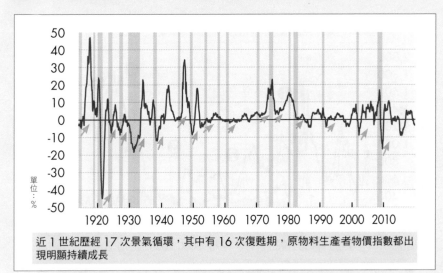

 原物料相關品項於復甦期間多出現短期強勁漲勢
—— 美國原物料生產者物價指數年增率變化

單位：%

近 1 世紀歷經 17 次景氣循環，其中有 16 次復甦期，原物料生產者物價指數都出現明顯持續成長

註：1.資料統計時間自1912.01開始，因此年增率資料統計時間為1913.01～2019.09；2.灰底為景氣衰退期間
資料來源：聖路易聯邦儲備銀行（fred.stlouisfed.org/graph/?g=nF9n）

在復甦期表現良好，黃金不一定能跟著原物料雞犬升天，而是常會在復甦期出現「盛極而衰」的關鍵趨勢轉折。為什麼會如此呢？因為有利於黃金的 2 個要件，就是「大通膨」和「大寬鬆」，或是「通膨增長的同時加上貨幣寬鬆」。

簡單說，就是讓人對「持有貨幣」產生動搖（通膨使人擔憂購買力的降低、超低利率讓持有貨幣的效益極低），只有在此情況下，黃金才能夠走出大多頭。

圖 3

進入景氣復甦期後，黃金多半表現不佳
——美國黃金價格、聯邦基金利率與CPI年增率變化

●1980 年代的復甦期，黃金價格進入 20 年大空頭；❷1991 年起的復甦期，夾在 2 次「生產力擴張」週期之間，黃金表現乏善可陳；❸2002 年起的復甦期，為「生產力擴張週期」轉換至「通膨擴張週期」，黃金開始進入多頭格局；❹2009 年後的復甦期，黃金價格創新高，此時為零利率環境，使黃金多頭得以延續；❺直到 2011 年後逐漸進入成長期，黃金價格再度於 2012 年後下跌

註：1.資料統計時間起始自1960.01；2.「黃金價格」數據截至2019.11.05；3.「聯邦基金利率」數據截至2019.10；
　　4.「消費者物價指數（CPI）年增率」數據截至2019.9；5.灰底為景氣衰退期間
資料來源：聖路易聯邦儲備銀行（fred.stlouisfed.org/graph/?g=pm90）

　　近 4 次景氣循環中，有 3 次復甦期都是必須賣出黃金的重要轉換期：

　　1. 隨著 1970 年代惡性通膨遭到徹底的壓制後，進入 1980 年代，黃金就

此一蹶不振,走入了長達 20 年的大空頭,即使進入景氣復甦期,也如同一灘死水(詳見圖 3)。此時正是處於通膨增長帶動的「通膨擴張週期」,轉換至由生產力成長帶動的「生產力擴張週期」。

2. 歷經金融海嘯,2009 年起緩緩進入景氣復甦期,此時同樣也是「通膨擴張週期」轉換至「生產力擴張週期」;但是,黃金仍然牛氣沖天,價格創下歷史新高。為什麼會有這樣的差異呢?因為這次復甦期,聯準會不但將利率調到接近零的水平,還進行 2 次貨幣量化寬鬆政策,這是史無前例的超級大寬鬆,因此延長黃金市場的多頭。但是,最後當景氣於 2011 年後漸漸走入成長期後,黃金仍是以大崩盤作收。

3. 至於 1991 年復甦期,夾在 2 次「生產力擴張週期」之間,黃金走勢更是乏善可陳,不值一提。

僅有本世紀初(2002 年起)這次復甦期,因為是從「生產力擴張週期」,轉換至「通膨擴張週期」,因此黃金維繫了長多格局未變。由此觀之,未來除非是再度進入由「生產力擴張週期」過渡到「通膨擴張週期」的復甦期;否則,於復甦期將黃金相關標的出清,仍是投資的最上策。

景氣循環週期2》
成長期

3-1 景氣回歸正常軌道 適合安心長線布局

「唯有強勁的經濟，才能為投資人創造更高的資產價值，以及可持續性的理想回報。」（Only a strong economy can create higher asset values and sustainably good returns for savers.）

——班·柏南奇（Ben Bernanke），美國聯準會（Fed）前主席

當復甦期行進了一段時間，景氣自然就會準備進入穩定擴張期（詳見圖1）。然而，這個過程並不是那麼地無痛，有時甚至是還帶著凶險的！主要有下列2個原因：

1. 受惠於衰退期低基期經濟數據，到了復甦期進行一段時間後，基期會逐漸墊高，而這時若沒有好的催化劑，景氣動能理論上是有可能「無以為繼」，復甦就會變成曇花一現的「迴光返照」。

復甦期行進一段時間，就會準備進入成長期
——美國3項經濟指標及景氣循環對照圖

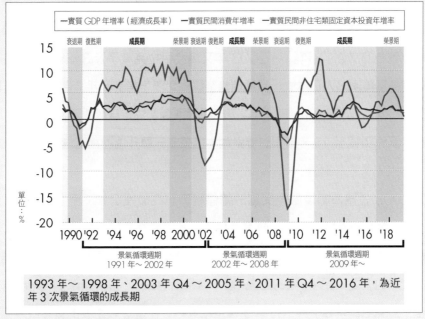

1993 年～ 1998 年、2003 年 Q4 ～ 2005 年、2011 年 Q4 ～ 2016 年，為近年 3 次景氣循環的成長期

註：資料統計時間為1989.07～2019.07
資料來源：聖路易聯邦儲備銀行（fred.stlouisfed.org/graph/?g=pq3r）

2. 受惠於衰退期強力救市後的總體經濟及企業盈利，隨著相關數據於復甦期的好轉，會讓主政當局開始有一些「回歸正常機制」想法。然而，由於此時整體經濟和企業往往還沒有真正站穩腳跟，「救市措施退場」的擔憂就極易觸發風險事件，進而造成市場恐慌。

回顧過去 2 次景氣循環，美國經濟在 2001 年 911 恐怖攻擊事件景氣跌落谷底後，隨著救市計畫開展，利息一路降至低點，總算讓經濟危局化險為夷。

然而，美國景氣在 2001 年和 2002 年，連續 2 年處於低速增長（經濟成長率分別為 0.7%、1.7%），2003 年又爆發伊拉克戰爭及 SARS 危機，在市場高度擔憂美國陷入日本式「長期蕭條」危機之際，美國聯邦準備理事會（The Federal Reserve System，Fed，以下簡稱聯準會）決定啟動「預防性降息」，將利率調降 1 碼至 1%，這個關鍵舉動，讓景氣一舉升溫回穩至增長軌道。

而 2008 金融海嘯後嚴重受創的總體經濟，在接連 2 輪 QE（Quantitative Easing，量化貨幣寬鬆政策）政策加持下，美國經濟顯著復甦。不過 2011 年爆發的美債、歐債危機，以及第 2 輪 QE 退場，緊縮的環境讓 2011 年充滿對二次衰退的擔憂。面對市場的動盪，聯準會果斷地採取「扭轉操作」（Operation Twist，詳見名詞解釋）與進行第 3 輪量化寬鬆，在這 2 項重要的寬鬆政策協助上，美國經濟終告穩定，回復有序增長。

從復甦期過渡至成長期，市場仍普遍缺乏信心

成長期是景氣循環裡最為舒適和令人安心的時期。這段時期往往為時最長，且經濟情勢大致運作平穩，風險和回報容易控制，資本市場波動相對較小。可

名詞解釋

扭轉操作

由諾貝爾經濟學得主詹姆斯‧托賓（James Tobin）提出。1961 年聯準會首次使用，聯準會賣出短天期公債，同時買入長天期公債，以延長整體持有公債的期限，目的是降低長債利率。2011 年 9 月聯準會又再次使用扭轉操作，期望降低長期借貸成本（例如降低民眾房貸利率、企業長期貸款利率）。

以説，這是最適合安心進行長期投資布局的時期。

然而，進入此週期前後的「二次衰退」擔憂，往往會讓人錯過此黃金時期的到來！在過去 3 次景氣循環中，復甦期尾端的消費者信心，皆出現顯著的滑落（詳見圖 2）。

為什麼會如此呢？這是因為此時離先前的經濟衰退仍為期不遠，而在短暫的復甦之後，景氣卻再度出現疲弱的走勢，這就會讓市場覺得，是否景氣的回春僅是「迴光返照」？二次衰退恐將捲土重來？

但是，這並不是接下來會接著上演的情境；相反的，景氣進入長期增長的太平盛世即將到來，而這主要仰賴妥適的貨幣和財政政策，以及搭配景氣循環的週期動能。

財政和貨幣面當後盾，危機頻傳仍不易擊潰景氣

復甦期後期過渡到成長期前期的這段時間裡，因為經濟數據基期走高，加上市場風險因子的出現，往往會造成市場的人心浮動。

例如 1991 年～ 1992 年英鎊危機、1994 年～ 1995 年墨西哥披索危機、2003 年第 2 次波斯灣戰爭及 SARS 風暴，以及 2010 年～ 2011 年歐債危機、美債危機等，都是類似的情況。

然而，這些危機無論其程度大小，最終都沒有影響經濟增長和資本市場的長線發展格局，為什麼呢？這是由於景氣還處於復甦期非常早的階段，主要經濟體無論是貨幣或財政政策都還處於極度寬鬆的狀態。到了復甦期的後半段，因為景氣漸次好轉，因此會有少許倡議要開始緊縮貨幣環境的呼聲。

由於景氣沒有真的回復永續增長的軌道，若驟然緊縮，其實是具有高度風險的，可能就此扼殺景氣復甦的火苗。剛好，此時隨基期走高而放緩的經濟數據，以及風險事件的發生，將讓央行順勢續行寬鬆的貨幣環境不變。

從復甦期過渡到成長期的這段時間（詳見圖 3），可以看到聯準會若不是進一步略降利率（例如 1984 年～ 1985 年、2003 年～ 2004 年），就是利

圖2 復甦期邁入成長期，景氣與消費者信心均回落
——美國消費者信心指數變化

—美國經濟諮商局消費者信心指數
—美國密西根大學消費者信心指數

單位：指數

1992年底～
1993年

2002年8月～
2003年底

2011年5月～
2012年8月

過去30多年來，每次遇到復甦期擺盪至成長期的階段，消費者信心指數下滑，可看出當時市場對二次衰退的擔憂氣氛

註：1.資料統計時間為1990.01～2019.10；2.灰底為景氣衰退期間
資料來源：財經M平方

率維持低檔按兵不動（例如1993年～1994年）；而當利率已降無可降時（例如2009年～2010年），聯準會甚至採取加碼新一輪量化貨幣寬鬆支撐經濟增長（例如2010年～2012年）。

此時會出手救市的，其實不只貨幣當局。事實上，背負著民意壓力的行政當局，也會適時採取擴張財政的方式支撐經濟增長。衰退期由於企業盈利和個人

圖3 聯準會採取降息、QE政策，拯救景氣趨緩風險
——美國聯準會總資產與聯邦基金利率變化

聯邦儲備銀行總資產（左軸）
聯邦基金利率（右軸）

聯準會總資產：千億美元

聯邦基金利率：%

❶1984年～1985年降息；❷1993年～1994年維持低利環境；❸2003年～2004年降息；❹2009年～2010年降息已至極限；❺2010年、2012年分別實施第2次、第3次QE，聯準會擴大資產規模

註：1.「聯邦儲備銀行總資產」資料統計時間為2002.12.18～2019.10.30；2.「聯邦基金利率」資料統計時間為1980.07～2019.10；3.灰底為景氣衰退期間
資料來源：聖路易聯邦儲備銀行（fred.stlouisfed.org/graph/?g=nYxZ）

收入都會減少，因此稅收端會出現衰退；然而，政府開支通常會保持同樣的水準，甚至進一步擴張，用以支撐經濟。

理論上，當經濟回歸正軌，擴張性的財政手段應該就要告一段落，透支的赤字應該要以撙節替代，以使政府的財政呈現穩定。然而，實際情況是進入復甦

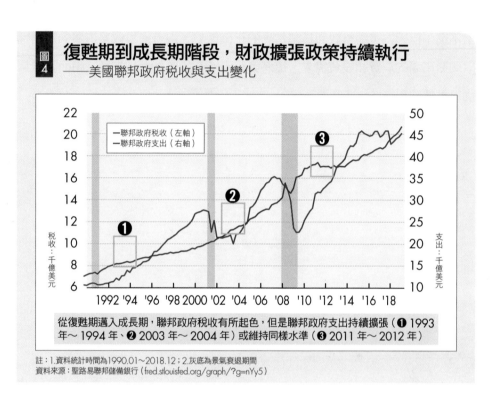

圖4 復甦期到成長期階段，財政擴張政策持續執行
——美國聯邦政府稅收與支出變化

從復甦期邁入成長期，聯邦政府稅收有所起色，但是聯邦政府支出持續擴張（❶ 1993年～1994年、❷ 2003年～2004年）或維持同樣水準（❸ 2011年～2012年）

註：1.資料統計時間為1990.01～2018.12；2.灰底為景氣衰退期間
資料來源：聖路易聯邦儲備銀行（fred.stlouisfed.org/graph/?g=nYy5）

期後，雖然稅收端的情況開始改善，但由於景氣增長動能仍舊不那麼穩定，加上風險因子的發酵，因此政府支出仍會維持同樣水準（例如 2011 年～ 2012 年即是如此，當時主要是受制政府舉債上限因此支出無增長），甚至持續擴張（例如 1993 年～ 1994 年、2003 年～ 2004 年，詳見圖 4）。

也就是說，從歷史經驗來看，雖然景氣擴張的步伐略顯顛簸，風險事件又層

出不窮；但因為美國財政和貨幣當局的正確應對，沒有過早收緊市場的流動性以刺激市場的消費和投資需求，這將讓經濟增長的動能漸次恢復，進而讓景氣從復甦期順利推進到成長期。

觀察關鍵4大現象
確認景氣進入穩定增長期

貨幣政策和財政政策,是經濟能夠回復可持續增長的重要推手,但其實真正驅動景氣動能轉強的關鍵,還是在於景氣循環巨輪的轉動。景氣從復甦期進入成長期,在經濟數據上,會出現4大重要現象轉變,從而根本性的支撐經濟的可持續增長:

現象1》撙節開支結束,遞延消費挹注內需動能成長

由於衰退期失業率大增、薪資降低、資產縮水,會導致民眾的消費習慣改變,撙節開支。因此,在復甦期階段,很容易看到收入端的增速快於消費端,出現儲蓄率顯著上升的情況(詳見圖1),也就是所謂的「撙節開支」。

不過,由於投資和消費的復甦帶動景氣升溫,自復甦期階段蓄積的內需增長動能,會在進入成長期後釋放出來,原本的撙節將轉化為「遞延消費」,並一舉讓內需增長回升至可持續增長水準。而由於美國為內需型經濟體,當內需恢

復可持續增長的狀態後，經濟增長就會進入穩定擴張週期，不再輕易走疲。

現象 2》就業增長顯著改善，民間消費穩定擴增

就業的穩定改善，可以說是景氣成長期最重要的主軸。在復甦期階段，由於廠商仍面臨管控成本的極大壓力，對於企業營運成長的需求，會以提高單位勞工生產力的方式應對，而盡量不大幅擴編人力（新增就業人數有限）。從求職端來看，在景氣回春驅動下，會促使民眾投入職場的意願大增（勞動力母數增加）。一來一往之下，整體就業情勢的改善並不那麼顯著。

情況到了成長期就不一樣了。隨著景氣進一步改善，單位勞動生產力的增長也大致到了極限，因此企業會開始擴編員工以應對業務的增長。此時，美國官方的非農就業數據或 ADP 就業數據（此為民間人力資源公司 Automatic Data Processing 所做的就業統計）會擺脫低迷的增長頹勢，進入顯著增長的週期（詳見圖 2）。

此外，初領失業救濟金人數也開始快速下降。由於強勁的就業增長是內需消費的基石，當就業市場進入快速增長週期後，民間消費也就奠定穩步擴增的基礎，並在此基礎上進一步刺激就業和薪資增長。就業和消費，就此步入良性循環，讓美國經濟巨輪穩步前進。

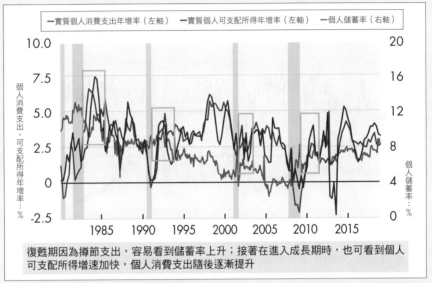

圖1 可支配所得增速快於消費支出，出現遞延消費現象
——美國個人消費支出、可支配所得年增率與儲蓄率變化

— 實質個人消費支出年增率（左軸）　— 實質個人可支配所得年增率（左軸）　— 個人儲蓄率（右軸）

復甦期因為撙節支出，容易看到儲蓄率上升；接著在進入成長期時，也可看到個人可支配所得增速加快，個人消費支出隨後逐漸提升

註：1.「實質個人消費支出年增率」、「實質個人可支配所得年增率」資料統計時間為1980.01~2019.07；2.「個人儲蓄率」資料統計時間為1980.01~2019.09；3.灰底為景氣衰退期間
資料來源：聖路易聯邦儲備銀行（fred.stlouisfed.org/graph/?g=pmj）

現象3》民間投資擴張，迎來固定資本投入與房地產熱潮

讓景氣進入穩定擴張的推手，除了內需之外，最重要的就是民間投資的動能終於回復健康。這點會同時體現在「民間固定資本投資」（Private Nonresidential Fixed Investment）及「房地產投資」。成長期的民間固定資本

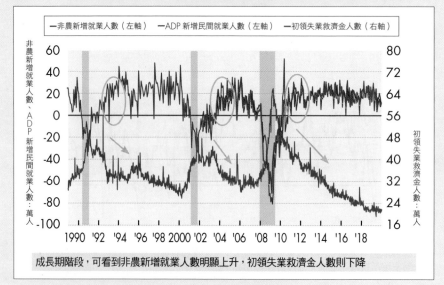

圖2

非農新增就業人數提升，初領失業救濟金人數下滑
—— 美國就業人數與初領失業救濟金人數變化

成長期階段，可看到非農新增就業人數明顯上升，初領失業救濟金人數則下降

註：1.「非農新增就業人數」、「ADP新增民間就業人數」資料統計時間為1989.02～2019.10；2.「初領失業救濟金人數」資料統計時間為1989.02.04～2019.10.26；3.灰底為景氣衰退期間
資料來源：聖路易聯邦儲備銀行（fred.stlouisfed.org/graph/?g=nYFu）

投資增長，最大的特色就是在經過復甦期的高成長後（基期走高），不但未走弱，反而進一步的增強（詳見圖3），這主要和企業的氣氛轉趨樂觀有關。

　　復甦期各項數據都會顯示景氣最壞寒冬已過，也由於美國企業應對市場逆風的反應快速，因此在衰退和復甦期各項撙節手段都會相當積極且迅速。然而，

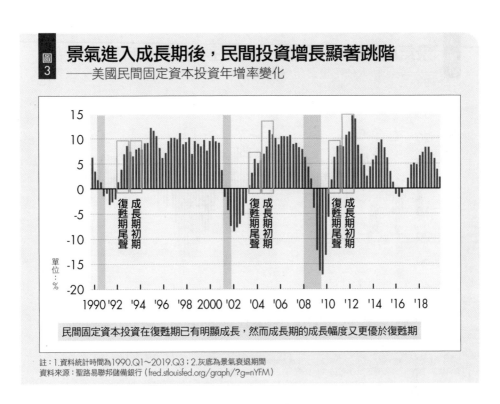

圖3 景氣進入成長期後，民間投資增長顯著跳階
—— 美國民間固定資本投資年增率變化

民間固定資本投資在復甦期已有明顯成長，然而成長期的成長幅度又更優於復甦期

註：1.資料統計時間為1990.Q1～2019.Q3；2.灰底為景氣衰退期間
資料來源：聖路易聯邦儲備銀行（fred.stlouisfed.org/graph/?g=nYFM）

過度的撙節會導致企業難以應付景氣在落底之後回溫的需求，此時美國企業也會快速反應，以免失去市場和長期競爭力。

除民間投資外，房地產作為重要的資產配置，也會受惠於就業市場復甦、景氣升溫及仍舊相對低廉的借貸成本，在復甦期的高成長（受惠衰退期低基期）背景下進一步升溫（詳見圖4）。

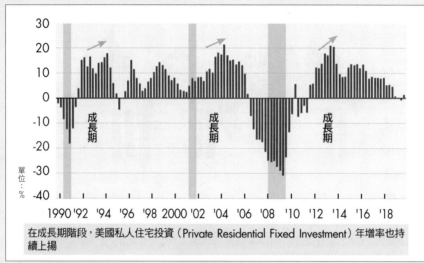

圖4 景氣處於成長期階段,私人住宅投資也持續成長
——美國私人住宅投資年增率變化

在成長期階段,美國私人住宅投資(Private Residential Fixed Investment)年增率也持續上揚

註:1.資料統計時間為1990.Q1～2019.Q3;2.灰底為景氣衰退期間
資料來源:聖路易聯邦儲備銀行(fred.stlouisfed.org/graph/?g=nYFV)

　　可以說,房地產與民間投資源源不絕的民間資本投入,是進一步鞏固經濟穩健增長的重要基石,整體狀態已正式進入「投資→消費→再投資→再消費」的良性循環之中。

　　這也是為什麼,經濟進入成長期後,就會穩定擴張相當長的一段時間,不易再反轉的重要主因。

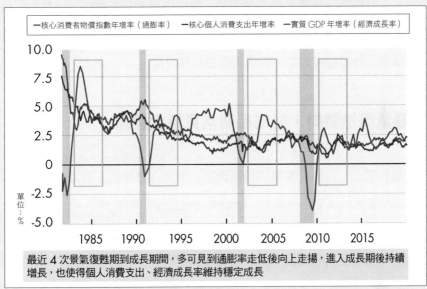

圖5

溫和擴增的通膨，有助於消費和經濟穩定擴張
—— 美國消費者物價指數、個人消費支出及實質GDP年增率變化

最近 4 次景氣復甦期到成長期間，多可見到通膨率走低後向上走揚，進入成長期後持續增長，也使得個人消費支出、經濟成長率維持穩定成長

註：1.「核心消費者物價指數年增率」、「核心個人消費支出年增率」資料統計時間為1982.01～2019.09；2.「實質GDP年增率」為1982.01～2019.07；3.灰底為景氣衰退期間
資料來源：聖路易聯邦儲備銀行（fred.stlouisfed.org/graph/?g=nYRo）

現象 4》通膨回升至可持續增長水準，鞏固消費與投資信心

過去 30 多年來 4 次重要的景氣衰退期，通膨都是 1 個重要的景氣下行元凶（詳見圖 5）。景氣循環後期會因為榮景推升的通膨增溫，最終侵蝕民眾的實質消費力，導致景氣反轉。

不過,隨著景氣進入下行循環,通膨隨之受到遏制。雖然走低的通膨會影響民眾的消費意願(預期商品價格下跌),但只要景氣落底,此時蓄積的實質消費力提升,就有助於整體經濟走出泥淖。經過復甦期的走揚後,通膨到了成長期初期,會維持在 1 個可持續增長的水準。合適的穩定通膨增長步調,有助於進一步鞏固消費和投資意願,使經濟增長可長可久。

害怕景氣驟然轉向,是成長期常見重大迷思

進入成長期後,由於經濟增長動能穩定,不再容易受到主觀及客觀風險因子干擾而造成重大的景氣下行風險,理應是最佳的建設和投資期。

然而,隨著成長期的開展,意味景氣復甦已經達一段時間,此時,會有非常多人開始擔憂景氣動能逐漸趨緩,甚至轉向。因此,市場往往有些風吹草動(例如過去幾年,美國貨幣政策轉向緊縮、政府關門;海外風險因子如中國熔斷危機或英國脫歐等),或是某個月份美國非農就業數據或零售銷售出現異常疲軟情勢,就斷言景氣恐將轉向,真所謂「見了黑影就開槍」。

其實,上述這些看似會干擾的風險因子,最後都證實只是虛驚一場。而偶發的數據走軟,最終也只是景氣長期擴張的插曲。究竟為何,經濟到了成長期階段,竟可以具有如此強的擴張動能,不受這些風險因子影響呢?

這是因為此時經濟增長的巨輪已經開始轉動，民間投資和消費動能已鞏固，本來就不容易因為一些偶發風險因子轉向。而長時間的經濟增長後，若因為某些特殊原因（或是沒有原因也無妨，有時就只是基期高了），使得總體經濟數據不那麼理想，只要沒有影響到最根本的經濟擴張動能，也著實不須擔心。過早擔憂景氣反轉，只是讓自己錯失難得的多頭主升段行情！

換句話說，只要還身在「成長期」內，杞人憂天地擔心景氣轉向可以說是毫無必要！當然，話說回來，既然景氣運行如此順暢，難道真的就壓根不用擔心景氣出現反轉嗎？難道經濟可以永無止境地增長？

答案當然是否定的！在第 4 課我們就要進一步說明：當景氣進入「榮景期」後，景氣循環 4 大週期中的 2 大關鍵轉折期之一就來到了！在榮景期內，我們將看到經濟如何走入極盛、再轉趨衰退的過程。

3-3 投資法》沉穩規畫策略
持續買進與持有風險資產

「未來 2 年、3 年，我們估計美股將依照 GDP 的成長速率維持在每年約 5% ～ 10% 的年成長率，直到『榮景噴出』行情到來。」

——愛樹克（Izaax），〈經濟復甦反應到位，美股將進入溫和成長週期〉，

2010 年 12 月 5 日智富專欄（12 月號）網誌版

　　若說投資有一段週期是最無聊、千篇一律的週期，那必定就是在講成長期了。自從 2012 年開始進行公開演講，直到 2017 年為止，這段時間我常對聽眾戲稱說：「過去這幾年我其實只有 2 招，一招叫『做多』，另一招叫『拉回做多』。」看似戲謔，卻也是成長期的最佳投資策略。

　　歷史經驗當中的成長期階段，股市都經歷了強勢主升段，但在這個主升段裡，卻有太多人因為股價走高而不敢、不願進場；而已經進場的，也往往容易因為

市場的風吹草動，就驚慌地「提早下車」，最後只能看著價格不斷扶搖直上的股票徒呼負負。追根究柢，原因還是出在無法抗拒「嫌貴」的心理所致！

股市》看似昂貴其實不貴，仍是最佳投資標的

經歷了衰退期與復甦期，股市走到成長期，股價顯得相對昂貴不少。無論是巴菲特指標（股市總市值／GDP），或是業界常用的 S&P 500 指數席勒（Shiller）本益比，在成長期中皆不斷竄升，甚至衝破歷史均值（詳見圖 1）。

平心而論，這其實是正常的情況，大家只需要思考，所謂的股市歷史平均本益比，是景氣循環 4 個階段循環平均所得出的結論；因此，當衰退期和復甦期股市估值低於歷史平均、榮景期高於歷史平均，那麼，這項指標在成長期從低於均值往上回歸均值，進而再衝高至高於均值水平，自然是水到渠成的合理結果。投資人不應該將這個市場調整的常態視為「風險」，反而應該視為 1 種「機會」。畢竟，難道有比「市場估值確立進入不斷向上調整的大趨勢」時，更好的投資良機？

對此，你心中最大的疑問一定是：「當股市本益比的不斷向上調升的同時，難道風險不會飆升？難道不會像吹氣球般，一不小心就爆炸破裂了？」基本上，在成長期中，這是不必要的擔憂。原因主要有 3 項：

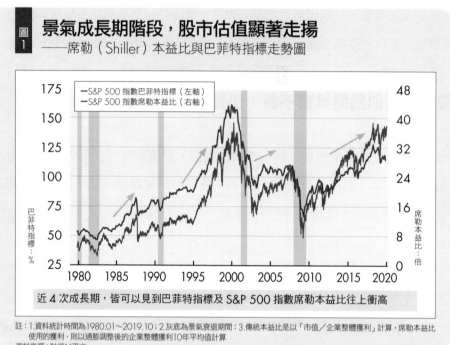

圖1　景氣成長期階段，股市估值顯著走揚
——席勒（Shiller）本益比與巴菲特指標走勢圖

近4次成長期，皆可以見到巴菲特指標及 S&P 500 指數席勒本益比往上衝高

註：1.資料統計時間為1980.01～2019.10；2.灰底為景氣衰退期間；3.傳統本益比是以「市值／企業整體獲利」計算，席勒本益比使用的獲利，則以通膨調整後的企業整體獲利10年平均值計算
資料來源：財經M平方

原因1》成長期之後，景氣必然持續擴張

只要閱讀過成長週期的總經分析就能得知，成長期不會驟然走入衰退，其後必然接續著榮景期到來。總體經濟擴張的格局，事實上並無快速向下轉折的迫切性。

原因2》企業獲利在成長期不斷增長，為股市最大支撐

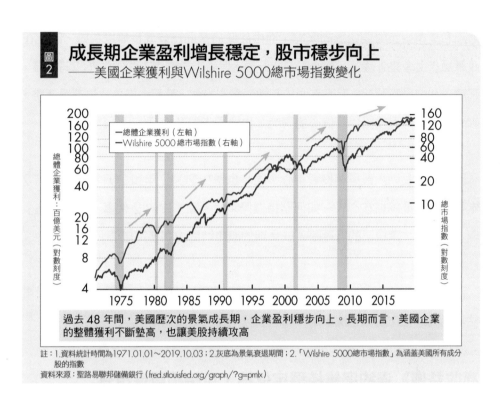

圖2 成長期企業盈利增長穩定，股市穩步向上
——美國企業獲利與Wilshire 5000總市場指數變化

總體企業獲利：百億美元（對數刻度）

— 總體企業獲利（左軸）
— Wilshire 5000 總市場指數（右軸）

總市場指數（對數刻度）

過去 48 年間，美國歷次的景氣成長期，企業盈利穩步向上。長期而言，美國企業的整體獲利不斷墊高，也讓美股持續攻高

註：1.資料統計時間為1971.01.01～2019.10.03；2.灰底為景氣衰退期間；3.「Wilshire 5000總市場指數」為涵蓋美國所有成分股的指數
資料來源：聖路易聯邦儲備銀行（fred.stlouisfed.org/graph/?g=pmlx）

　　當總體經濟趨勢確認擴張，對於企業調控經營現況和未來展望將會大有裨益。因此在成長期中，企業盈利的增長相當穩定且強勁（詳見圖2）。不斷增長的企業盈利，就是支撐本益比持續上調及股市攻高的最大基石！

原因3》通膨相對穩定，支持消費及投資信心

　　在成長期中，整體政經環境、包括通膨，通常都會調整到相當穩定的狀態。

財經和貨幣政策雖開始邁向緊縮，而由於政府當局擔憂成長無以為繼，因此在政策操作上會格外謹慎。當通膨開始升溫，但尚未影響到主要的生產和消費端，那麼溫和的通膨預期，反而有助於刺激消費和投資。薪資上揚、就業市場活絡、家庭財富增加而拉抬消費信心的同時，也會同步拉升投資信心（詳見圖 3）。

因此，成長期內最重要投資重心，同時也是在 2012 年和 2014 年我在前 2 本著作的重要論述核心——如何堅持做簡單且不斷重複的 2 件事——「買進」與「持有」，讓自己的資產隨著成長期的股市時間複利穩定增值。

而唯有堅定投資信念的人，才不會在這個階段，因過度擔憂景氣轉折和股市估值過高，被市場雜音洗出場，錯失累積財富的黃金時期！

高收益債》違約率維持穩定低檔，可持續買進持有

成長期股市具有良好的長期投資價值，債市同樣也充滿機會。此階段由於整體經濟增長穩定、營商環境友善，高收益債的違約率會大致維持在相對穩定低檔的位置（詳見圖 4）。因此，對想賺取固定收益的保守投資人來說，這是 1 項不錯的資產配置方向。

對高收益債投資有興趣的人須留意：當違約率在成長期的中後期，在某個時

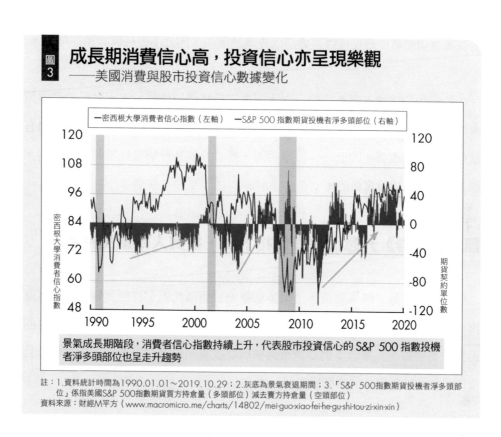

成長期消費信心高，投資信心亦呈現樂觀
——美國消費與股市投資信心數據變化

圖3

密西根大學消費者信心指數（左軸） — S&P 500 指數期貨投機者淨多頭部位（右軸）

景氣成長期階段，消費者信心指數持續上升，代表股市投資信心的 S&P 500 指數投機者淨多頭部位也呈走升趨勢

註：1.資料統計時間為1990.01.01～2019.10.29；2.灰底為景氣衰退期間；3.「S&P 500指數期貨投機者淨多頭部位」係指美國S&P 500指數期貨買方持倉量（多頭部位）減去賣方持倉量（空頭部位）
資料來源：財經M平方（www.macromicro.me/charts/14802/mei-guo-xiao-fei-he-gu-shi-tou-zi-xin-xin）

間點會進入一段飆升的過程，這主要是貨幣緊縮循環的力道開始加大的原因。

　　利率上揚讓貨幣進入逐漸緊縮的環境，會讓企業違約率開始竄升，因此持有高收益債的投資人會蒙受一些損失。積極的投資人可以嘗試避開這段跌勢，並於市場相對低檔的時候再次布局高收益債。當然，若是可忍耐這段修正期，由

於高收益債價格於修正後還是會漲回先前的價位，因此不做任何調整亦無妨。

成長期內的違約率飆高危機，之所以能在最終得到緩解，主因就是貨幣政策會開始調整，通常是暫緩升息，甚至降息。此外，景氣轉趨進入榮景期，也有助於違約率的改善。因此，與股市相同，高收益債在整個復甦期和成長期內，都是理想的長線投資標的。

無風險債券》升息循環使價格下降，投資人應避免持有

值得注意的是，無風險債券（以美國政府公債為代表）在成長期階段，準備出場的必要性大幅增加。因為從復甦期過渡到成長期，對公債等無風險債券的影響只有收益率的降低；但是當景氣循環從成長期過渡到榮景期，卻往往是公債罕見較大跌勢發生的時間點。

無論是因為連續升息造成的長率爬升，或是暫緩升息之後的通膨預期提高、甚至是股市過熱造成的資金磁吸效應，都是不利於公債市場發展的逆風。

只要觀察過去經驗就可以發現，從 1970 年以來，每次「成長期→榮景期」階段，公債殖利率都是往上走（意味價格往下走，詳見圖 5）。因此，對於積極型投資人來說，應該將公債等避險標的轉進風險資產；而保守型投資人，應

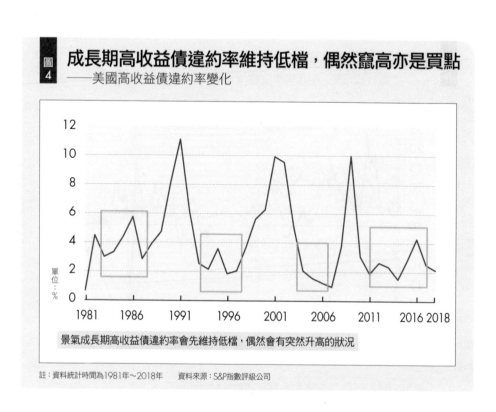

圖4 成長期高收益債違約率維持低檔，偶然竄高亦是買點
——美國高收益債違約率變化

景氣成長期高收益債違約率會先維持低檔，偶然會有突然升高的狀況

註：資料統計時間為1981年～2018年　　資料來源：S&P指數評級公司

該將公債的避險部位轉而以定存或短期債券方式持有（因為此時市場短期債券利率已上揚，和長期債券報酬率相去不遠，但靈活度大增）。

原物料》成長期初期價格上揚，後期則會走入跌勢

與公債價格有「蹺蹺板關係」的就是原物料商品價格。隨著景氣的穩定升溫，

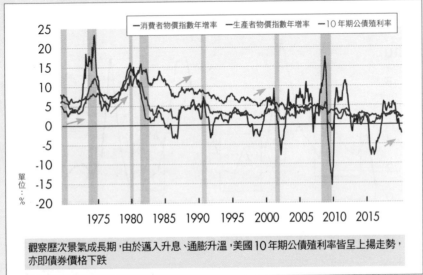

圖5 景氣成長期階段不利美國公債走勢
──美國10年期公債殖利率與物價指數年增率變化

觀察歷次景氣成長期，由於邁入升息、通膨升溫，美國10年期公債殖利率皆呈上揚走勢，亦即債券價格下跌

註：1.「消費者物價指數年增率」、「生產者物價指數年增率」資料統計時間為1970.01～2019.09；2.「美國10年期公債殖利率」資料統計時間為1970.01.02～2019.11.06；2.灰底為景氣衰退期間
資料來源：聖路易聯邦儲備銀行（fred.stlouisfed.org/graph/?g=pmoz）

強勁消費和投資需求會讓原物料商品的供需回復平衡，甚至出現供不應求情況，價格也就隨之上揚，並推升通膨走升，這也是導致前述公債走跌的主因。

然而，高漲的原物料和油價，會讓景氣出現一定程度的放緩（因為高油價排擠其他消費所致），需求降低，最終供過於求，並導致重大的跌勢發生。

成長期末期總迎來油價和原物料價格的大型修正
——美國西德州原油價格變化

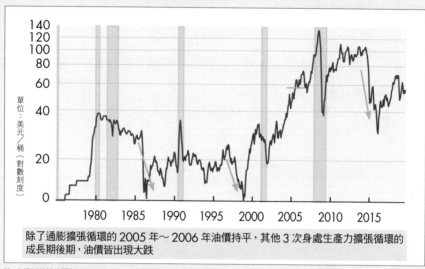

除了通膨擴張循環的 2005 年～ 2006 年油價持平，其他 3 次身處生產力擴張循環的成長期後期，油價皆出現大跌

註：1.資料統計時間為1975.01～2019.09；2.灰底為景氣衰退期間
資料來源：聖路易聯邦儲備銀行（fred.stlouisfed.org/graph/?g=pmtf）

　　從 1975 年以來的歷次景氣循環，除了身處通膨擴張循環的 2005 年～ 2006 年這段成長期後期，油價維持平盤震盪；另外 3 次成長期後期，油價都出現大跌，並帶動整體原物料的跳水（詳見圖6）。

　　因此，投資人可於成長期後期避開原物料相關投資，並等待此段修正來臨時，再伺機於低檔區布局，方為上策。

　　總結來說，成長期是諸多風險資產包含股票、高收益債券和房地產穩健增長的好時間。保持耐心，沉穩做好長期投資的規畫，避免頻繁交易，最後就能成為景氣循環投資的大贏家！

　　切記，在「成長期」的投資重點，定要積極布局，耐心等待，讓景氣擴張成為資產成長的最佳燃料！

景氣循環週期3》
榮景期

景氣擴張最迷人時期
4-1
過度熱絡後走向盛極而衰

「我認為『景氣擴張期太長之後會自然衰退』的說法是 1 種迷思。就算經濟已經擴張很長一段時間，也不意味其結束正倒數計時。」（I think it's a myth that expansions die of old age. So the fact that this has been quite a long expansion doesn't lead me to believe that its days are numbered.）

——美國聯準會（Fed）前主席傑妮‧葉倫（Janet Yellen），2015 年 12 月 6 日

當景氣成長進入長期穩定的週期後，隨著就業市場的強勁擴張，帶動民間消費與投資信心不斷加強，最終推升樂觀心態；在這樣的主觀及客觀情況配合之下，整體經濟增長週期循環就會進入「榮景期」（詳見圖 1）。

在 2017 年開始的講座中，我提出景氣循環週期觀念，羅列 4 項重要的榮景期特徵，分別為：1. 景氣將加速成長；2. 資本市場將呈現熱絡盛況；3. 市場

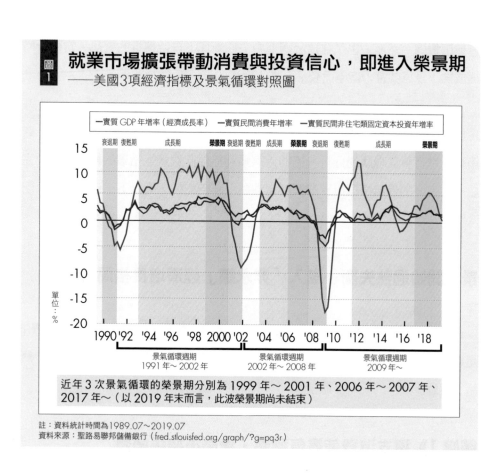

圖 1 就業市場擴張帶動消費與投資信心，即進入榮景期
—— 美國3項經濟指標及景氣循環對照圖

— 實質 GDP 年增率（經濟成長率）　— 實質民間消費年增率　— 實質民間非住宅類固定資本投資年增率

衰退期　復甦期　　成長期　　　**榮景期** 衰退期 復甦期　成長期　**榮景期** 衰退期 復甦期　　成長期　　　**榮景期**

景氣循環週期
1991 年～2002 年

景氣循環週期
2002 年～2008 年

景氣循環週期
2009 年～

近年 3 次景氣循環的榮景期分別為 1999 年～2001 年、2006 年～2007 年、2017 年～（以 2019 年末而言，此波榮景期尚未結束）

註：資料統計時間為1989.07～2019.07
資料來源：聖路易聯邦儲備銀行（fred.stlouisfed.org/graph/?g=pq3r）

樂觀情緒高昂；4. 風險意識極度低估。

　　這 4 項特徵，會隨著榮景期的進展不斷推升，最後至不可持續的狀態，而後破裂。這是整段景氣擴張最迷人的時期，因為資本市場活絡且高度活躍，充滿

著無限機遇。然而，也是在這個週期中，逐漸埋下景氣轉折的警訊，當轉折時機成熟，景氣就會「盛極而衰」，進入慘澹的衰退期之中。

此外，由於本書撰稿的此刻，正處於榮景期之中，因此本課也會多花費一些篇幅，進行景氣現狀的分析，協助大家順利抓住此次景氣循環的轉折關鍵，完成一次良好的景氣循環投資配置關鍵調整，趨吉避凶，迎接下一個財富重分配大潮！

景氣開始過熱失衡，漸入「非永續」經濟增長格局

在景氣穩定成長週期中，強勁且穩定的「民間消費動能增長」與「民間投資」是經濟持續發展的基石。不過，正是這兩項觸媒，會開始造成景氣走入過度熱絡、且逐步失衡的景氣後期循環。

觸媒 1》透支消費使景氣轉熱，達最後擴張榮景

隨著經濟成長成為現況的「常態」後，配合活絡的就業市場，會進一步加強消費者對未來就業、收入、景氣擴張和財富增長前景轉向樂觀。這樣的樂觀，會反映在消費行為上，消費者將會降低儲蓄的水平（在景氣復甦期及成長期，因為擔憂景氣榮景難以持續，會有較高的儲蓄意識），並樂於增加支出，即使

是以借貸的方式亦無所畏懼（因為對於還款能力充滿自信）。因此，當美國實質個人消費支出的增加速度，開始明顯壓過收入的增加速度時，代表民間「透支消費」趨勢成形。

分別透過「實質個人消費支出（Real Personal Consumption Expenditures）年增率」、「實質可支配個人收入（Real Disposable Personal Income）年增率」來觀察，都能看到在最近4次成長期後期，皆出現消費支出相較於可支配所得，更早出現持續增長的態勢（詳見圖2）。

這種「透支消費」行為，與復甦期的「遞延消費」正好相反；當人民提前透支消費，會讓消費市場欣欣向榮，推升經濟增速走強，成為景氣轉進榮景期最重要推手！

油價強弱影響零售銷售動能，觀察油價可判斷美國內需消費趨勢

在研判美國內需動能擴張時，這裡要提供一個很好的關鍵指標——「油價」的變動。原油作為低需求彈性的商品（美國人民高度仰賴汽車通勤，因此原油在美國有強大的剛性需求），原油價格的高低，會影響民眾的實質購買力。

而當油價進入下行走勢，雖然初期會引發市場的通縮預期，並影響消費行為，但時間一拉長，其正面效應會逐漸顯現。消費者省下的油錢，可挹注其他更具

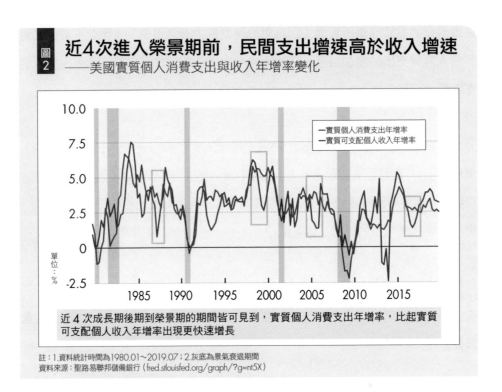

圖2 近4次進入榮景期前，民間支出增速高於收入增速
——美國實質個人消費支出與收入年增率變化

近4次成長期後期到榮景期的期間皆可見到，實質個人消費支出年增率，比起實質可支配個人收入年增率出現更快速增長

註：1.資料統計時間為1980.01～2019.07；2.灰底為景氣衰退期間
資料來源：聖路易聯邦儲備銀行（fred.stlouisfed.org/graph/?g=nt5X）

附加價值的商品或服務消費（詳見圖3）。

　　反之，當油價長期走升，縱然市場因為通膨熾熱顯得欣欣向榮，但民眾的實質購買力已經被逐漸侵蝕，不久之後，零售銷售動能就會下降。例如1998年～2000年及2006年～2008年油價飆漲，最後都將內需動能擊垮，成為景氣轉折的元凶。

油價下跌，零售銷售成長便會走升
—— 美國油價與實質零售銷售年增率變化

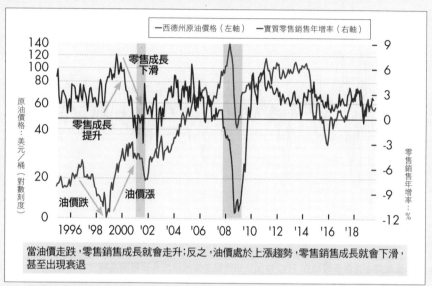

當油價走跌，零售銷售成長就會走升；反之，油價處於上漲趨勢，零售銷售成長就會下滑，甚至出現衰退

註：1.「西德州原油價格」資料統計時間為1995.01.03～2019.11.04；2.「實質零售銷售年增率」資料統計時間為1995.01～2019.09；3.灰底為景氣衰退期間
資料來源：聖路易聯邦儲備銀行（fred.stlouisfed.org/graph/?g=oUaT）

此次從 2016 年～ 2018 年的油價漲勢，本來很有可能讓歷史重演（2018年第 4 季後零售銷售動能確實也顯著轉疲），幸好此時油價順勢大幅滑落，化解了燃眉之急，也讓這波景氣擴張可以順利延伸至 2020 年之後。

更多有關零售銷售的分析，會在 4-2 進一步解析。

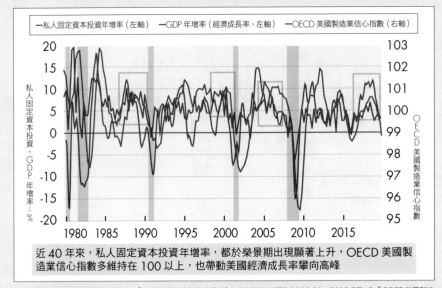

圖 4 民間投資熱潮推升景氣最後榮景期
——美國私人固定資本投資年增率與製造業信心指數相關數據變化

—私人固定資本投資年增率（左軸）　—GDP年增率（經濟成長率，左軸）　—OECD美國製造業信心指數（右軸）

近40年來，私人固定資本投資年增率，都於榮景期出現顯著上升，OECD美國製造業信心指數多維持在100以上，也帶動美國經濟成長率攀向高峰

註：1.「私人固定資本投資年增率」、「GDP年增率（經濟成長率）」資料統計時間為1980.01～2019.07；2.「OECD美國製造業信心指數」資料截至2019.09，以100為分界點，100以上代表良好，100以下則不佳；3.灰底為景氣衰退期間
資料來源：聖路易聯邦儲備銀行（fred.stlouisfed.org/graph/?g=q3U2）

觸媒 2》樂觀消費帶動民間投資潮，固定資本投資增長

　　民間消費和資本市場的樂觀，很容易就會傳導到製造業和商業領域。隨著經營前景的樂觀揚升，廠商和業者的投資意向會重新加溫。從過去 40 年的經驗來看，固定資本投資增長在長期的景氣成長期後，出現顯著爬升（詳見圖 4）。

而當民間投資和消費都轉強時，可以看到對應週期的 GDP 增長也隨之攀向高峰（或維持強勢增長不墜）。

也就是說，只要看到民間消費和投資動能顯著轉強，就可以斷言景氣即將進入最後的高潮階段。不過，由於此波的投資動能轉強，除了樂觀心態之外，更大原因是根植於民間消費的「透支榮景」。擴大的民間投資熱潮，會進一步刺激就業市場和民間消費，形成炒熱或延伸景氣的關鍵。

然而，「水能載舟，亦能覆舟。」藉由透支消費、舉債來刺激成長，已非均衡和健康的景氣擴張走勢，終將曲終人散，更多的轉折細節，我們將在 4-2 深入剖析。

解讀7大指標
確立榮景期起訖關鍵點

榮景期是景氣擴張循環週期的最後一個階段，同時肩負景氣的「延長」和「轉折」重任，因此趨勢上會大大影響經濟活動、政治局勢、企業經營、投資決策、職場轉換等諸多重要人生課題。能否正確判讀趨勢延長和轉折動向，對於人生規畫會產生決定性的影響。

可以說，如同灰姑娘參加舞會一般，每個人必須懂得參加榮景的盛宴，把握累積大筆財富、甚至改變人生的機會；但在午夜 12 點盛宴結束時，又得及時搭上南瓜馬車，從容退場，否則一切的美好就變成南柯一夢。接下來，就要告訴大家，如何從 7 項重要經濟指標，來判讀榮景期的延長，以及轉折關鍵！

指標 1》初領失業救濟金人數：判讀就業市場是否處於擴張

美國經濟增長動能在內需，而內需增長的動能在就業。抓住就業指標，實際上就抓住美國的景氣擴張趨勢。然而，市場關注就業市場的方向，長久以來多

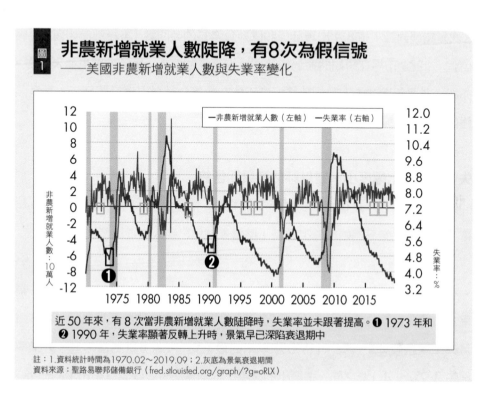

圖1 非農新增就業人數陡降,有8次為假信號
——美國非農新增就業人數與失業率變化

近50年來,有8次當非農新增就業人數陡降時,失業率並未跟著提高。❶ 1973 年和 ❷ 1990 年,失業率顯著反轉上升時,景氣早已深陷衰退期中

註:1.資料統計時間為1970.02～2019.09;2.灰底為景氣衰退期間
資料來源:聖路易聯邦儲備銀行(fred.stlouisfed.org/graph/?g=oRLX)

半關注「非農新增就業人數」和「失業率」。這 2 項要素固然重要,但作為判斷轉折的角度來看,卻不是那麼好用。

非農新增就業人數》谷底反轉,恐為假信號

先看非農新增就業人數,圖 1 顯示過去半世紀來,景氣擴張期的中後段,當非農新增就業人數出現陡降時,雖正確指出 5 次景氣衰退期,但竟然另有超過

8 次是錯誤判讀！這 8 次出現陡降和跌落負增長的時間點，事後都證明僅為「假信號」；就業市場在短期的疲弱後隨即就恢復穩健擴張，景氣循環也並未告終。亦即，非農新增就業人數的陡降，並不能有效等於就業市場行將轉折；甚至，假信號的機率還比正確預測機率大得多。

失業率》變化幅度小，難以評估榮景期告終

失業率同樣也不是個太好的轉折預測指標，在圖 1 中 1973 年和 1990 年這 2 年，當失業率開始反轉上升時，整體景氣早已進入衰退期了。

在其他看似有略微提早顯示觸底轉向的時期，用起來也相當困難。因為失業率初始轉向變動的幅度相當小，以 2000 年科技泡沫時的榮景期為例，當年 4 月失業率跌破 4%，來到 1970 年以來的最低點 3.8%；直到當年底，失業率都在 3.9% ～ 4.1% 之間。這麼小的波動，根本無法有效確認就業市場的轉折，因為在正常的擴張循環中，也常出現類似的小幅波動。

然而，若要等到顯著的差異出現，例如於 2001 年 1 月失業率跳上 4.2%，已是衰退期前的 1 個月了，同樣有預測不及的問題（且數據公布有時間落差，公布時已經正式進入衰退期）。

就以當前的非農新增就業人數和失業率現況來做趨勢研判好了，觀察 2019

年 8 月的數據，非農新增就業人數略顯下滑，失業率則為 3.7%，比 4 月、5 月 3.6% 谷底區略微上升 0.1 個百分點，這樣是否就能斷言擴張期面臨終點？或有可能會持續？相信不是只有你答不出來，我也同樣是答不出來的。

那麼，難道就無法從就業數據研判榮景的告終？非也，山不轉路轉，換個數據來看看。

初領失業救濟金人數》U型結構確立，可預測衰退期將至

圖 2 是美國自 1967 年以來的初領失業救濟金人數走勢，在數據谷底反轉的時期，我都加上一個 U 型。

你會發現，每當景氣進入榮景期後，初領失業救濟金人數跌至谷底並確立 U 型，距離景氣衰退期也不遠了；也就是說，這些 U 型，忠實預測過去半世紀以來，每次就業市場和景氣轉折。唯有 U 型結構的確立，就業市場才告反轉，從未出現例外！要怎麼確認這是有效的 U 型結構？榮景期是否可能繼續延長？可按照以下 2 條規則進行判斷：

規則 1》初領失業金人數續創新低，榮景期就會自動延伸至少 3 個季度以上

研判趨勢切記不可預設立場！以 2009 年以來這波景氣擴張期來說，自 2014 年突破前波景氣榮景低點，就有太多人預測美國已經達到充分就業，行

將轉折。但是，只要數據持續創低，就意味就業市場轉折未成形。

規則 2》初領失業救濟金人數若無法創新低，則關注右端是否有翹起現象

當 U 型結構確立時，景氣才會宣告反轉，並牽引資本市場進入熊市。從圖 2 可以看到，進入 2019 年後，此型態有逐漸成形的跡象。自 2019 年 4 月 13 日當週，初領失業救濟金人數創下半世紀新低的 19 萬 3,000 人後，就未再創低，若往後行進 1 年仍是如此，並開始上揚突破 25 萬人，大概就可確立趨勢。

然而，若在這段時間內數值再創新低，同樣不可預設立場，必須自行再往後加上 3 個季度的景氣延伸期。利用「初領失業救濟金人數」研判榮景期告終的優越性，不只在於過去半世紀以來從未失手，更重要的是，趨勢確認的過程不是驟然發生，而是水到渠成的完成趨勢轉折。因此，在對應的投資操作上，就會有足夠的時間去做調整。此外，初領失業救濟金是少有的高度時效性總經數據（每週四固定公布前 1 週數據），可以即時了解就業情勢的變化，沒有時差。

正是這樣的優越性，我將這項指標列為 7 大轉折指標的首位。當然，初領失業救濟金在特定時間點，仍會因為特殊因素出現陡升和陡降，通常這樣的特殊原因會在原文報告中提及；但是，無暇細讀每份報告的投資人，其實也不用特別擔心，可以搭配 3 個月移動平均來對比，只要主數據很快回到 3 個月移動平均的趨勢上來，那麼偶爾的暴衝或暴跌皆可無視其存在。

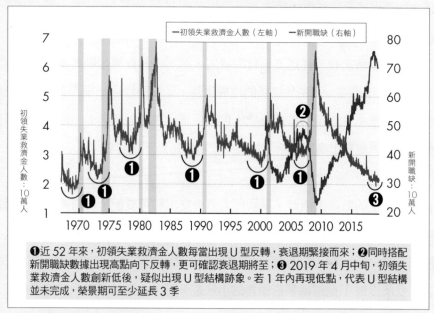

 初領失業救濟金人數可有效確認就業趨勢
——美國初領失業救濟金人數與新開職缺數據變化

❶近 52 年來，初領失業救濟金人數每當出現 U 型反轉，衰退期緊接而來；❷同時搭配新開職缺數據出現高點向下反轉，更可確認衰退期將至；❸ 2019 年 4 月中旬，初領失業救濟金人數創新低後，疑似出現 U 型結構跡象。若 1 年內再現低點，代表 U 型結構並未完成，榮景期可至少延長 3 季

註：1.「初領失業救濟金人數」資料統計時間為1967.01.07～2019.10.19；2.「新開職缺」為2000.12～2019.09；3.灰底為景氣衰退期間
資料來源：聖路易聯邦儲備銀行（fred.stlouisfed.org/graph/?g=oP3o）

指標 2》民間消費：消費動能放緩為榮景期落幕敲下定音鎚

在研判景氣是否進入榮景期時，因為樂觀產生的「透支消費」是景氣轉熱的重要推手。不過，透支消費雖會刺激景氣擴張，並推升企業的樂觀心態，加速

投資和過度聘僱；但隨著還債壓力提高、加上景氣走緩，其效應終究會有減退的時候。糟糕的是，當消費力道開始顯著趨緩，就會牽動企業投資和聘僱開始縮手，進而造成惡性循環的開端。

　　從過去的經驗來看，從透支消費期發生，到所得消費開始顯著滑降，過程大約 1 年～ 3 年不等。而由於這樣的結構調整，是需要經過一段「去槓桿」（縮減債務）過程，才有辦法重拾動能（包括企業、家庭與個人）；因此，榮景期尾聲的民間消費支出高點轉折，就為榮景期落幕敲下定音鎚。

　　從近半世紀的數據來觀察，美國個人消費支出和可支配所得自高點轉趨滑落的時間點，和榮景期轉折位置大致契合（詳見圖 3）。不過，考量到數據公布有時間落差，加上確認趨勢成形也需要一段時間，這段預警時間其實相當有限。在此，我們提供 1 個解讀零售銷售的小訣竅，可大大幫助讀者判讀美國內需是否出現結構性轉弱。

若零售銷售率先走弱，民間消費動能恐出現轉折

　　零售銷售的統計歷史並不長，在過去 2 次景氣後期循環中，零售銷售都率先出現走弱情事。為什麼會如此呢？這是因為景氣經過長期的擴張後，以商品消費為主力的零售銷售，會面臨新增消費需求逐漸走緩；因此當景氣轉弱的時候，零售銷售數據會率先下滑（因為想買的、該買的都買了，再購行為會逐漸剩下

榮景期尾聲，零售銷售、個人消費及所得自高點反轉
—— 美國實質零售銷售、個人消費支出與可支配所得年增率變化

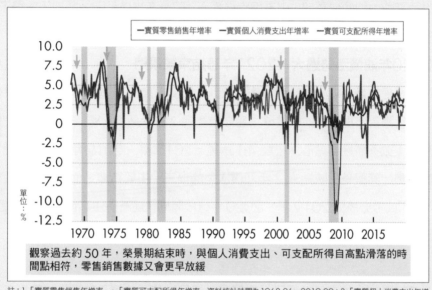

觀察過去約 50 年，榮景期結束時，與個人消費支出、可支配所得自高點滑落的時間點相符，零售銷售數據又會更早放緩

註：1.「實質零售銷售年增率」、「實質可支配所得年增率」資料統計時間為1968.06～2019.09；3.「實質個人消費支出年增率」資料統計時間為1968.04～2019.07；4.灰底為景氣衰退期間
資料來源：聖路易聯邦儲備銀行（fred.stlouisfed.org/graph/?g=puCX）

汰換需求而已；但除了民生消費品之外，其他商品如汽車、家具、服飾等，新品的汰換需求會相對來得低）。

而以服務需求為主的整體個人消費支出，如醫療、教育、金融服務、租賃、娛樂等，因為整體消費心態仍處於樂觀情緒中，相對之下不會掉得那麼快。因

此，在景氣循環後期的榮景期，當零售銷售領先個人消費支出顯著走疲，就要留意民間消費的動能，是否離結構性轉折不遠了。同樣現象若發生在景氣初期的復甦期或中期的成長期，則不用太過憂心，因為多半僅是因為基期因素罷了。

若2020年油價漲勢過大，2021年恐結束榮景期

值得一提的是，細心的讀者可能注意到，撰寫本書當下 2018 年～ 2019 年間，零售銷售出現警訊式的陡降，應該擔憂嗎？答案是：「Yes and No」。短期來看，並不需過度擔心。搭配 4-1 所述，2018 年～ 2019 年這波零售銷售下行趨勢，其實是反映過去 2 年油價漲勢的傷害。由於這波油價修正時間長達 1 年，因此勢必將於 2019 年～ 2020 年這段時間，逐漸挹注零售銷售的回溫。實體經濟需求的回溫，將會在 2020 年再度推升低基期的油價上攻。

長期來看，由於景氣循環已行至尾端，若最終這波油價漲勢過大，就極有可能複製 2000 年和 2007 年～ 2008 年的歷史經驗，在 2021 年之後一舉結束這波長達十多年的景氣擴張循環。

指標 3》消費者信心指數：續創新高則美股尚有高點可期

良好的消費市場動能，除了需要熱絡的就業市場支持外，還需要有強健的消費信心。所以，消費者信心指數的重要性就不言而喻了。

美國 2 大消費者信心指數，分別為「密西根大學消費者信心指數」和「經濟諮商局消費者信心指數」。前者由美國密西根大學編製，問卷設計較為強調家庭財務情況、就業和耐久財購置計畫。後者則是由美國經濟諮商局（The Conference Board）編製，較著重經濟現況、就業和家庭收入預期。簡而言之，2 大指標的差異點在於「耐久財的購置計畫」。

因此，理論上密西根大學消費者信心指數的下降是警訊，而經濟諮商局消費者信心指數則是現狀經濟轉折確認。實務上兩者轉向的時間落差並不大，因此效用可以等同視之。

從歷史經驗來看，過去 2 次景氣擴張循環中，經濟諮商局消費者信心指數出現最後高點的時間較晚，約莫在創下高點後的 3 個月～ 6 個月，美股標準普爾 500（S&P 500）指數才創下歷史新高。

因此，這就成為研判景氣後期循環延伸段相當好的工具──只要 2 大信心指數能夠再創新高，就暗示美股指數亦將再創新高（詳見圖 4）。

指標 4》民間投資：第 2 次耐久財支出潮預告榮景期尾聲

除了內需消費和就業相關表現外，強勁的民間投資增長，也是景氣進入榮景

期的重要推手。要如何量測理想的民間投資動能呢？「耐久財訂單」是相當好的切入指標。民間投資的表現，在進入榮景期前到榮景期結束，共會出現 3 階段型態：

階段1》衝刺期

因為經過長期景氣擴張，讓企業投資心態轉趨樂觀，帶動投資加速，這個階段也是推動景氣一舉進入榮景期的關鍵。

階段2》高原期

市場在這個階段，內有貨幣緊縮循環（升息、縮表）衝擊逐漸顯現，外有諸多海內外風險因子（如 1998 年～ 1999 年亞洲金融風暴、俄羅斯倒債、南斯拉夫戰爭；2006 年～ 2007 年則有次貸風暴逐漸顯現、新世紀金融公司倒閉等；2018 年～ 2019 年則有美中貿易戰），加上市場對景氣是否出現轉折的疑慮加深，造成企業投資裹足不前。但由於整體實體經濟表現仍舊強勁，因此投資額不會掉下來，而是出現居高不下的高原期型態。

階段3》暴衝期

企業投資經過一段時間的停滯後，在景氣的尾聲，民間投資往往會再出現最後一波高潮。這是因為，貨幣緊縮循環會在這個時期結束（暫緩升息或反向降息），等於拿掉企業經營的資金緊箍咒。此外，前述的風險因子也大致化解，

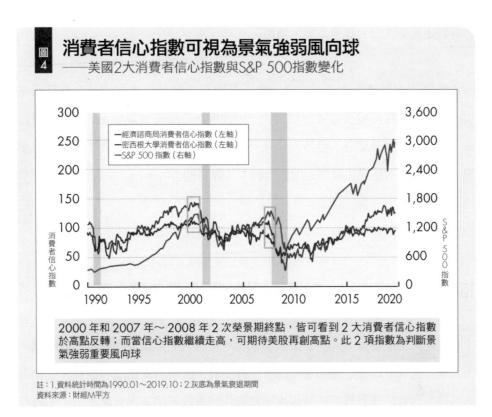

圖4 **消費者信心指數可視為景氣強弱風向球**
——美國2大消費者信心指數與S&P 500指數變化

2000年和2007年～2008年2次榮景期終點,皆可看到2大消費者信心指數於高點反轉;而當信心指數繼續走高,可期待美股再創高點。此2項指數為判斷景氣強弱重要風向球

註:1.資料統計時間為1990.01～2019.10;2.灰底為景氣衰退期間
資料來源:財經M平方

或是至少市場以為警報解除。再則,經過時間驗證,景氣並未轉向,會讓企業有「看走眼、錯過商機」的遺憾,進而追加投資。

然而,最後的這段民間投資暴衝期,其實是非理性的盲目行為。由於景氣動能已經步向尾聲,非理性的過度投資,很快就會讓企業感覺到苗頭不對,進而

想要開始節制支出，甚至裁員、撙節。

由於美國信奉資本主義，企業行動不若歐日企業具有高度的社會責任和法規偭限，因此民間投資會掉的相當快，因而成為「壓垮景氣增長的最後一根稻草」。所以在榮景期時，要特別注意何時出現第 2 次的耐久財支出潮，一旦出現，景氣榮景的結束也就開始倒數計時了（詳見圖 5）。

本書撰稿（2019 年第 4 季）當下，大致就是這個階段即將展開的同時。

指標 5》政府支出：數據顯著增加顯示景氣將從高點反轉

榮景期無論是個人收入、企業盈利或房地產，大致都處於相當良好的狀態，因此政府的稅收情況也會相當理想，影響所及，政府的支出增長也會呈現較高的增速。而對於景氣轉折的敏銳度，首推「地方政府的支出年增率」，主因有 2 項：

1. 聯邦政府稅收有很多是遞延徵收的，例如企業所得稅、個人所得稅等，反映的多半都是前 1 年的景氣情況，那麼量測景氣轉折效果就不那麼好。

2. 聯邦政府支出在景氣轉向的初期，為了挽救經濟不要快速失速，往往會採

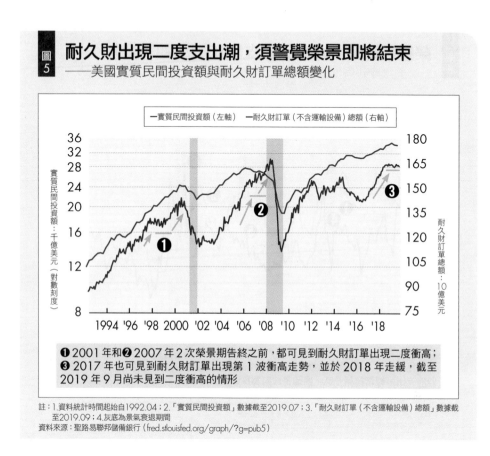

圖5 **耐久財出現二度支出潮，須警覺榮景即將結束**
──美國實質民間投資額與耐久財訂單總額變化

— 實質民間投資額（左軸）　— 耐久財訂單（不含運輸設備）總額（右軸）

實質民間投資額：千億美元（對數刻度）

耐久財訂單總額：10億美元

❶ 2001 年和 **❷** 2007 年 2 次榮景期告終之前，都可見到耐久財訂單出現二度衝高；
❸ 2017 年也可見到耐久財訂單出現第 1 波衝高走勢，並於 2018 年走緩，截至
2019 年 9 月尚未見到二度衝高的情形

註：1.資料統計時間起始自1992.04；2.「實質民間投資額」數據截至2019.07；3.「耐久財訂單（不含運輸設備）總額」數據截
　　至2019.09；4.灰底為景氣衰退期間
資料來源：聖路易聯邦儲備銀行（fred.stlouisfed.org/graph/?g=pub5）

取寬鬆的財政手段來刺激經濟，因此衰退初期的支出會不降反升。

　　地方政府支出則不然，雖然州所得稅等還是遞延收入，但徵稅大宗的消費稅
與地產稅則是即時指標；因此，州和郡市政府對於地方經濟的增長強弱會更為

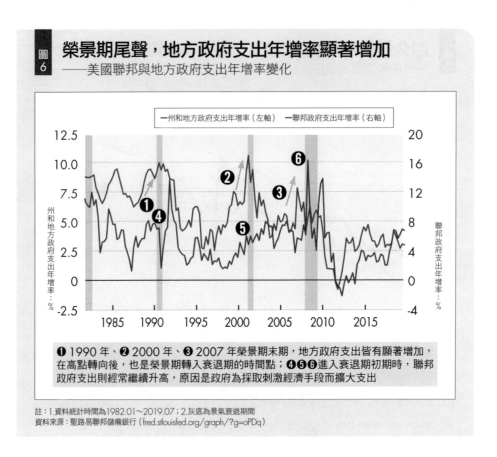

圖6 榮景期尾聲,地方政府支出年增率顯著增加
──美國聯邦與地方政府支出年增率變化

州和地方政府支出年增率(左軸)　聯邦政府支出年增率(右軸)

❶ 1990 年、❷ 2000 年、❸ 2007 年榮景期末期,地方政府支出皆有顯著增加,
在高點轉向後,也是榮景期轉入衰退期的時間點;❹❺❻ 進入衰退期初期時,聯邦
政府支出則經常繼續升高,原因是政府為採取刺激經濟手段而擴大支出

註:1.資料統計時間為1982.01~2019.07;2.灰底為景氣衰退期間
資料來源:聖路易聯邦儲備銀行(fred.stlouisfed.org/graph/?g=oPDq)

敏銳,進而擬定可行的支出計畫。

這樣的推論是有數據支撐的!觀察近 30 年來的數據,地方政府的支出年增
率顯著上升後於高點轉向,完美預測過去 3 次景氣循環的轉向(詳見圖6)。

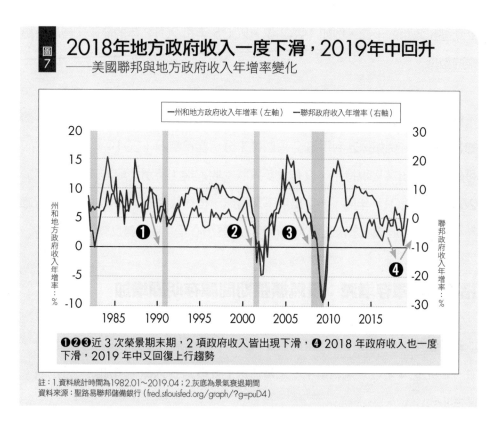

圖 7 ── 2018年地方政府收入一度下滑，2019年中回升
──美國聯邦與地方政府收入年增率變化

❶❷❸近 3 次榮景期末期，2 項政府收入皆出現下滑，❹ 2018 年政府收入也一度下滑，2019 年中又回復上行趨勢

註：1.資料統計時間為1982.01～2019.04；2.灰底為景氣衰退期間
資料來源：聖路易聯邦儲備銀行（fred.stlouisfed.org/graph/?g=puD4）

同時觀察政府收入是否下滑，輔助確認榮景期尾聲

若進一步對照收入端的數據，就會更清楚了，從圖 7 可以看到，聯邦政府和地方政府在景氣後期尾端，都有增長下滑的情況。

不過，聯邦政府收入端的數據只能當作輔助，不宜作為主資訊，原因是容易

受到減稅政策的干擾，例如 1982 年、2005 年和 2018 年的陡降，皆屬於這樣的型態。

　　儘管如此，收入端的數據仍可以和支出端兩相對照，藉此推估美國總體經濟的趨勢所在。例如，若利用這 2 項數據來分析當前情況（2019 年第 3 季），可以發現支出端呈現持平，沒有太多異狀；收入端（特別是地方政府）雖然於 2018 年～ 2019 年間，一度出現下滑警訊，但很快在 2019 年中回復上行趨勢，順利解除危機。未來若再次下行時，就要小心是景氣趨勢反轉時刻的到來。

指標 6》庫存增減：景氣擴張期間庫存明顯增加

　　庫存的增減不僅是企業運營的重要課題，更是觀察景氣動向的良好溫度計。在一個完整 4 階段景氣循環中，正常情況下要看到 3 大庫存增加期，分別為：

　　1. 復甦期：回補衰退期砍得太低的庫存水位。

　　2. 成長期：因應穩定的經濟情勢穩步擴張的庫存。

　　3. 成長期過渡到榮景期之間的庫存調整階段：最後因應景氣轉強，再度增加庫存的階段。而由於最後這段庫存增加的週期，是順應內需擴張和企業投資心

態樂觀所驅動，一旦最後消費和投資動能減退，即可能造成景氣的反轉。

　　觀察近 2 次景氣擴張，1 次是 1991 年～ 2001 年初，另 1 次是 2002 年～ 2007 年，皆歷經 3 次明顯的庫存增加期，最後隨著消費與投資動能衰減，而逐漸邁入景氣衰退。而 2009 年起迄今的新一輪景氣擴張，也已經出現 2 次較明顯的庫存增加；第 3 次庫存增加期也自 2017 年起緩緩展開（詳見圖 8）。

　　至於一般人看重的「庫存銷售比」，即庫存金額與銷售金額的比值，數值變高，最直接的解釋是庫存要花較多的時間銷售出去。

　　不過，當這個數值上升，也不一定意味景氣轉弱，也有可能是因為銷售端十分強勁，企業看好前景而增加備貨（例如 2006 年～ 2007 年、2014 年～ 2015 年等），或是因為特定事件導致企業刻意提高庫存水位（例如 2018 年～ 2019 年美中貿易戰）。因此相對來說，庫存銷售比沒有那麼重要。

　　然而，庫存水位的下降，也不一定是平安無事，有可能是因為企業看壞前景，積極打消庫存所致（企業不願建構庫存，某種程度上會傷害實體經濟）。

　　例如 2008 年直到走入衰退的期間，庫存銷售比都持續下探，直到進入深度衰退的中期之後才顯著上揚。也就是說，庫存銷售比的上升和下降，不宜作為

趨勢轉折的根據，而是應深究驅動其上行及下行的原因，並從中剖析其對總體經濟的影響。

指標 7 》債務違約率：數據上揚＋緊縮銀根恐觸發景氣轉向

最後 1 項可協助我們研判趨勢轉折的指標為「債務違約率」。

美國無論是企業或是個人，長久以來都高度仰賴債務來驅動消費和投資成長；而只要還款能力優良，基本上這些債務有助於活絡資金流動性，讓經濟不易陷入一灘死水般的增長停滯（特別是與日本、歐洲相較）。可以説，「債務經濟」對於美國經濟增長的貢獻是相當卓越的。

不過，債務有助於經濟，前提在於還款能力必須維持；若是違約率大增，除了會造成整體市場資金開始趨緊，更會顯著惡化家庭、企業和金融機構的資產負債表，進而嚴重影響消費和投資動能。

由於美國是個高度重視「信用」（個人信用分數、企業債信評等）的國家，無論是企業和個人，只要還具有還款能力或再融資的能力，就不會輕言倒債。因此，當美國出現違約率的上揚，某種程度是暗示經濟動能已經開始惡化了！還款能力的惡化，是 1 個長期的過程。當惡化到一定的臨界點後，借貸方開始

每個完整景氣循環，會歷經3次明顯的庫存增加
── 美國整體商業庫存與銷售比變化

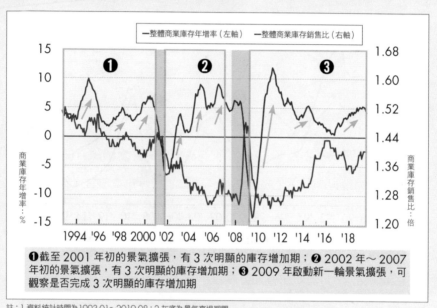

❶截至 2001 年初的景氣擴張，有 3 次明顯的庫存增加期；❷ 2002 年～ 2007 年初的景氣擴張，有 3 次明顯的庫存增加期；❸ 2009 年啟動新一輪景氣擴張，可觀察是否完成 3 次明顯的庫存增加期

註：1.資料統計時間為1993.01～2019.08；2.灰底為景氣衰退期間
資料來源：聖路易聯邦儲備銀行（fred.stlouisfed.org/graph/?g=puD8）

不安，進而緊縮銀根時，就會造成連鎖效應，觸發景氣轉向。

　　過去 3 次景氣循環在進入榮景期中段之後，無論是消費性貸款或企業貸款，違約率都開始顯著爬升（詳見圖 9）。此時就要特別小心，因為景氣轉向已是倒數計時。我們直接來評估現階段（2019 前 3 季）的情況：

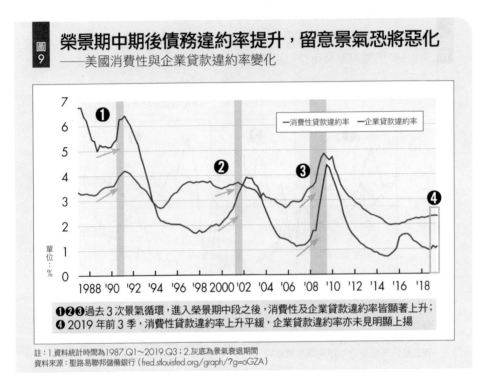

圖9 榮景期中期後債務違約率提升，留意景氣恐將惡化
——美國消費性與企業貸款違約率變化

—消費性貸款違約率 —企業貸款違約率

單位：％

❶❷❸過去 3 次景氣循環，進入榮景期中段之後，消費性及企業貸款違約率皆顯著上升；
❹ 2019 年前 3 季，消費性貸款違約率上升平緩，企業貸款違約率亦未見明顯上揚

註：1.資料統計時間為1987.Q1～2019.Q3；2.灰底為景氣衰退期間
資料來源：聖路易聯邦儲備銀行（fred.stlouisfed.org/graph/?g=oGZA）

1.消費性貸款違約率

　　雖然消費性貸款違約率呈現長達 3 年的上升態勢，但和前 3 次進入景氣衰退期之前的情況相比，上升幅度不但較為平緩，整體違約率水平也明顯較低，可以解讀為升息循環下的自然違約率上揚。

2.企業貸款違約率

企業貸款違約率未見上揚,反而還略有下滑,水平同樣處於近 30 年新低。

綜合以上 2 點可以研判,目前景氣雖然逼近尾端,但是轉折時間點尚未來到;未來若這兩項數值開始明顯跳升,就是大家必須做好景氣轉向準備的時候了!

榮景期迷思》過早擔憂轉向、過晚做好轉折準備

無論是生涯規畫、企業經營還是投資決策,榮景期階段是最難拿捏的階段。總體經濟從過熱到歸於平淡,再到急速冷卻的過程,會讓相當多沒有準備好的人措手不及,甚至犯下大錯。

對此,我們給大家的建議是,不要過早研判景氣的轉向,而是要讓數據來說話。當重要的轉折訊號未確立時,仍要抓住熱絡期難得的投資機遇。

然而,一旦上述的指標開始顯著惡化,那也勢必不要眷戀,必須逐步做好理想的人生規畫和企業經營調整。投資操作上,則是必須進行適切的資產轉換配置。更多的相關策略,我們將於 4-3 仔細說明!

4-3 投資法1》持續做多
但持股水位最低應為30%

「歷史能夠告訴我們很多真相！景氣後期循環一旦出現利率倒掛，那正是意味瘋狂的末升段即將到來。無論是景氣循環的最後榮景，或是資本市場的末升段的到來，都是出現在『景氣未現轉折，但貨幣市場先行轉折』，亦即整體景氣還在穩健擴張，但因為諸多因素，讓央行開始放緩，甚至停止緊縮。那就等於是將市場的『緊箍咒』拿掉了。而根據歷史經驗，資本市場將在稍後的時間點，猶如脫韁野馬一樣向前狂奔。」

——愛樹克（Izaax），

〈利率倒掛是景氣後期常態，總體經濟和資本市場轉折仍未到〉，

2018 年 12 月 18 日智富專欄（1 月號）網誌版

歷經最無趣而簡單的成長期之後，就來到堪稱人生最困難的投資時期了！那就是榮景期的投資。在這個階段，由於後面接續著衰退期，股市將會經歷「熱

景氣擴張時，樂觀氣氛濃且股市享有較高本益比
——景氣擴張循環樣貌vs.景氣收縮循環樣貌

比較項目	景氣擴張循環樣貌	景氣收縮循環樣貌
財富變化	國民財富提升	國民財富縮水
消費市場	消費市況熱絡	消費力道衰疲
企業盈利	企業盈利提升	企業盈利減少
投資心態	整體市場風險胃納度高，投資人願意承擔較高風險	風險趨避意識高，投資人盡可能避險具有風險性的投資
投資氣氛	樂觀氣氛濃，股市享有較高本益比	充滿悲觀氣氛，股市本益比低於歷史平均值
市場特色	投資人態度積極，企業樂於增加生產及投資，產業創新應用題材多	投資人態度消極，企業心態保守、不願增加投資，產業缺乏創新應用題材

漲冷縮」，也就是先吹了泡泡，然後泡泡才破裂，往往會讓投資人在股市的上沖下洗之間，不是過早放空被軋到天上，就是過晚退出市場而遭受崩盤重擊。輕則白忙一場，重則面臨蒙受重大損失的悲劇。

對此，投資人必須有所認知，為什麼到了景氣後期循環的榮景期，資本市場往往會出現「非理性榮景」？這是因為，當經濟經過相當長期的景氣擴張循環後，幾個長線的趨勢會成形並且不斷加強。景氣擴張循環所呈現出的幾個樣貌，彼此之間其實是相輔相成的（詳見表1）。

當國民財富提升，就會刺激更多的消費需求，也帶來更好的企業盈利增長，並讓企業敢去做更多的生產和風險投資，以及創新應用。而當整體市場從消費者、企業到投資人的樂觀氣氛不斷加強的同時，會讓整體市場的風險胃納度提高，並推升股票享有更高的本益比。這也是為什麼我們在 3-3 講述「成長期投資法」曾經提到，市場本益比不斷攀高、超越歷史均值的情況下，根本不用過度擔憂，因為這是正常的景氣擴張循環常態，而這樣的情況會在榮景期發揮到極致。

相對的，景氣一旦墜入收縮循環，前述於景氣擴張循環出現的所有正向因子，都會在很短的時間內快速惡化。下行景氣會讓國民財富縮水、失業大增，影響所及就是讓消費力開始急凍，企業也賺不到錢。在這樣的情況下，企業會撙節開支，並不願投入資源投資和創新。最終導致整個市場悲觀氣氛瀰漫，風險趨避意識高昂，大家不願意買進風險資產的情況下，就是讓股市的本益比不斷下修，但仍舊乏人問津。

留意到了嗎？正是由於擴張、收縮的巨大差異，因此，股市較大型的修正，往往就會發生在「由景氣擴張循環進入景氣收縮循環」的這個階段。當整體市場的本益比從 25 倍下修至 15 倍的過程中，縱然整體盈餘不變，光是評價面的修正，就會讓股市下跌 40％！這也是為什麼了解總體經濟的轉折那麼重要！抓住轉折，才有機會避開這樣的重大危機！

股市愈漲，愈要降低持股部位

在景氣復甦期、成長期，甚至是絕大部分的衰退期中，持股比重應該盡可能提高，甚至適度增加槓桿使用，都是可以接受的做法；「持股不足」反而是前述景氣循環週期中最大的問題（報酬率必然輸給全指數的被動投資）。

然而，進入榮景期後，首先要調整的持股心態是：「持股必須充滿彈性，現金和避險操作的比重將適度增加。」股市走高的同時，投資人必須搭配適度的獲利調節，並於相對低檔處，確實依照總體經濟趨勢，考量是否再度加碼。加入區間調節的格局之後，就有助於順利度過榮景期的波動考驗，順利在景氣週期循環過程中，持盈保泰、平安下莊。簡言之，身處景氣後期循環的榮景時期，投資目標可以簡化為：**「盡可能追上大盤報酬率，但又能在崩盤前全身而退。」**

不過，這目標是知易行難！原因在於，在不主動猜測市場轉折的情況下，多數投資人通常沉浸在熱烈的多頭氣氛，認為股市會持續上漲，而失去危機意識。（研判總體經濟時，可嘗試猜測轉折；但實際的投資操作，絕對不宜猜測轉折，因為經濟趨勢不會立刻反映在股市，兩者會有時間差，貿然猜測股市轉折容易產生誤判）。

那麼，當榮景期尾聲，確認各項總經指標已轉為景氣下行趨勢，幾乎可認

定股市已抵達大多頭最高峰、即將面臨崩落的轉折時,如何全力做多至最後一刻?又如何能在崩盤全身而退?這幾乎是不可能的任務吧?

　　事實上,方法是有的,而且比想像中的更簡單!而在介紹此理想投資法前,要先澄清 2 個重要的景氣後期循環投資觀念,才有助於整體理財規畫。在充滿樂觀氣氛的榮景期中,投資人心中可能會出現 2 個懸念:

1.既然已經身處循環後期,為何還要做多?

　　景氣循環後期的榮景期,還是必須做多,不可看空,原因在於不做多所付出的機會成本太大,甚至可能大於避開隨後崩跌可能帶來的效益。回顧過去 3 次榮景期(1988 年～ 1990 年、1999 年～ 2001 年、2006 年～ 2007 年),美股(標準普爾 500(S&P 500)指數)平均的年化報酬率可達 7.04%,而若把這 3 個週期的最後 1 年(轉折年)扣掉,報酬率更是高達 17.85%,十分驚人。不遜於復甦期和成長期的理想報酬率,是榮景期不可放棄做多的主要原因。試想,若榮景期的延伸長達 3 年,甚至來到 4 年、5 年,提早放棄做多的損失,著實太大。

2.既然還可以做多,為何不全力做多?

　　榮景期不全力做多的原因,在於這個階段不但波動變大,而且最終景氣循環結束的回落幅度往往都不會太小。最近 3 次景氣循環結束(1990 年、2000

年～ 2002 年、2008 年～ 2009 年），S&P 500 指數的波段跌幅分別來到 -22.5%、-36.5% 和 -54.4%！因此，若貪戀多頭的收益而不調整持股比重，一味全力放大曝險，最終當大回檔到來，就容易出現重大損失！

那麼，究竟該如何持續在多頭市場獲利，但又能兼顧風險呢？實務上，在 1-4 所揭示的多項簡單配置策略，已足以應對此景氣週期的投資需求。不過，若要進一步提高報酬率、降低波動率，本節將再提供一個略改良為更進階的投資策略供大家參考。

當景氣進入循環後期時，若根據「景氣循環投資法進階模式」為原則，持股應該逐年遞減；因此，從 2017 年～ 2020 年，較理想的持股比重為「7－5－3」（即 70%、50%、30%，以本書完稿時間點而言，2017 年已開始進入榮景期，至 2019 年尚未結束，詳見表 2）。

這樣的持股配置是有用意的！當榮景期來到第 2 年、第 3 年之後，股市出現較大回落的機率增加。以 30% 的持股水準為例，若對應到大約 3 成的回檔幅度，總投資部位的損失約莫是 10%，衝擊還算相當有限。

若是景氣循環持續走入第 4 年、第 5 年，不建議再降低持股比重，最好仍保持至少 30%。原因很簡單，從 1929 年～ 1933 年經濟大恐慌之後，S&P

500 指數僅發生過 1 次超過 50% 的跌幅（2008 年），因此持股 3 成已能大幅規避重跌風險（即使遇到如 2008 年的跌幅，損失亦能控制在總部位的 17% 左右）。對於想將下檔風險絕對控制在 10% 以內的投資人來說，則可以考慮將持股進一步調降至 15%；如此一來，即使是經濟大恐慌或 2008 年再臨，損失也極難超過 10%。然而若持股比重只有 15%，其餘資金僅享有不足 2% 的短率收益水平，在股市未崩盤前，整體投資報酬率大約僅能達到被動投資指數報酬率的 1/3，也不及持股 30% 所享有投資報酬率的 1/2。因此，在任何情況下，仍建議持股都應以 30% 為下限。

簡言之，當衰退期尚未真正到來，潛在的損失僅約 10%，但可能的年化報酬率預期仍有 7% ～ 8% 甚至更高；因此，維持 3 成持股部位繼續做多，加上現金或債券部位仍有收益，不但可以一定程度彌補做多部位降低所造成的「少賺」（宜以「避險」的心態視之）；當未來風暴一來，卻能大幅降低可能的最大損失，可謂「一兼二顧」。

依循景氣循環投資法高階模式，每季調整持股比重

依照上述規畫，我們會在中心持股比重之外，容許一定程度的持股比重區間變動。換句話說，在榮景期可以適度地帶入低買高賣的區間格局，讓加大的市場波動率成為推升報酬率和降低風險的推手，而非凶手，我稱之為「景氣循環

	表 2	**2017年～2020年理想持股比重為「7－5－3」**	
		──景氣循環投資法進階模式理想持股比重規畫表	

景氣循環後期	景氣循環投資法進階模式	
	中心持股比重（%）	容許持股區間變動比重（%）
第1年（2017年）	70	50～90
第2年（2018年）	50	30～70
第3年（2019年）	30	10～50
第4年（2020年）	30、15	10～50、0～30

投資法高階模式」。高階模式持股的調整頻率，會相較景氣循環投資法的初階模式（於榮景期始終維持 50% 持股）和進階模式（7－5－3）持股策略，來得更頻繁一些，也就是改成每季調整持股比重，但仍是周轉率相當低的投資策略。若遵循這樣的法則，過去 2 年多的持股變化會如圖 1 所示。

實際以投資金額試算，假設 2016 年 12 月單筆投入 1 萬美元，截至 2019 年 9 月底，景氣循環投資法高階模式經過每季調整持股，不論是配置股票及現金，或是配置股票及債券，報酬率確實不如全壓股市的傳統被動式指數投資法。畢竟當股市續走多頭行情時，資金曝險不足，報酬率自然會追不上指數（詳見圖 2）。但是，從這段期間的報酬變化來觀察，可以很明顯看到，當市場發生向下波動時，景氣循環投資法高階模式的 2 種配置方式，波動率大幅降低；在

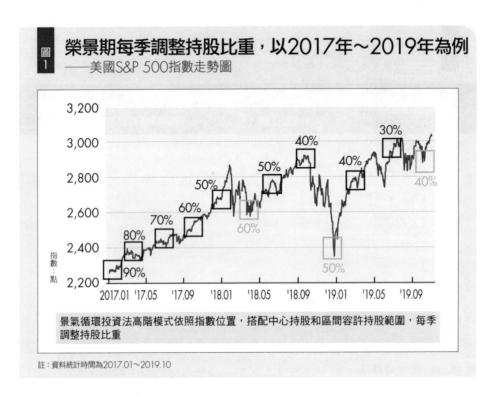

圖1 榮景期每季調整持股比重，以2017年～2019年為例
——美國S&P 500指數走勢圖

景氣循環投資法高階模式依照指數位置，搭配中心持股和區間容許持股範圍，每季調整持股比重

註：資料統計時間為2017.01～2019.10

某些時間點，報酬率甚至還可超過全壓股市的傳統被動式指數投資法。事實上，這些榮景期中間出現的回檔，可説是大空頭來臨前的「預演」。當最後大回檔來臨時，景氣循環投資法高階模式必然可以大幅勝過指數，輕鬆做到：「盡可能追上大盤報酬率，又能在崩盤全身而退。」

更重要的是，當市場最終崩盤之後，相較於滿手套牢股票的被動式指數投資

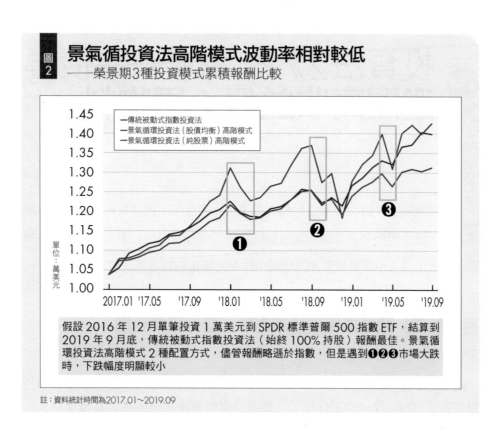

圖2 景氣循投資法高階模式波動率相對較低
——榮景期3種投資模式累積報酬比較

單位：萬美元

- 傳統被動式指數投資法
- 景氣循環投資法（股債均衡）高階模式
- 景氣循環投資法（純股票）高階模式

假設2016年12月單筆投資1萬美元到SPDR標準普爾500指數ETF，結算到2019年9月底，傳統被動式指數投資法（始終100%持股）報酬最佳。景氣循環投資法高階模式2種配置方式，儘管報酬略遜於指數，但是遇到❶❷❸市場大跌時，下跌幅度明顯較小

註：資料統計時間為2017.01～2019.09

人，信奉景氣循環投資法的投資人，手上卻充滿了現金，足以在接下來的衰退期和復甦期從容布局，把握難得的財富重分配機會！一來一往之間，就是人生理財成功與否的最大關鍵。

投資法2》布局無風險債券
避開高收益債＋原物料

4-4

進入榮景期後，由於多半搭配利率循環走至中後段，因此會先出現市場流動性吃緊，隨之再迎來資金面的再度放鬆，這段過程會造成利率市場的波動性提高；影響所及，也會導致原本於成長期內保持穩定的高收益債價格顯著起伏。

高收益債》隨景氣循環結束走跌，產生資本利損

回顧過去的榮景期，無論是隨著強力升息循環重啟，所造成高收益債的提早下跌（1999 年～ 2000 年），抑或受惠暫緩升息而使高收益債最終大跌（2007 年～ 2008 年）。可以確定的是，高收益債最終都會隨著景氣循環的結束而大幅走跌，產生不亞於股市的資本利損（詳見圖 1）。

因此，若以大方向來説，尚未進入榮景期前，高收益債價格位於低檔，是布局良機；一旦進入榮景期，就不適合進行高收益債的積極多方操作，甚至根本不需要持有，這是無庸置疑的。

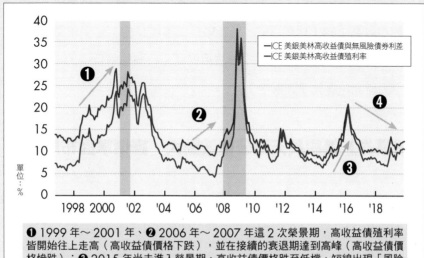

榮景期高收益債殖利率顯著升高，意味價格走跌
——ICE美銀美林高收益債與無風險債券利差、殖利率變化

❶ 1999年～2001年、❷ 2006年～2007年這2次榮景期，高收益債殖利率皆開始往上走高（高收益債價格下跌），並在接續的衰退期達到高峰（高收益債價格慘跌）；❸ 2015年尚未進入榮景期，高收益債價格跌至低檔，短線出現「風險相對高、報酬相對高」的「格局3」（詳見2-3圖2）；❹ 2017年進入榮景期，高收益債價格走升，進入「風險相對高、報酬相對低」的「格局4」（詳見2-3圖2），投資人最好避免持有

註：1.資料統計時間為1996.12.31～2019.11.07；2.灰底為景氣衰退期間
資料來源：聖路易斯聯邦儲備銀行（fred.stlouisfed.org/graph/?g=poSH）

　　高收益債有很大機率比整體景氣提早反轉，主因是發行高收益債的都是體質較差的企業。當景氣略轉疲弱，固然景氣轉折未形成，但是這些企業債務違約率升高，可能會使得高收債市場表現提早轉差。因此，和投資股市指數（指數成分股多半為競爭力強的優秀公司）相比，投資高收益債就會呈現不同的風險

和獲利樣貌。

　換句話說，在榮景期中，如果高收益債價格擺盪到低檔，則屬於「風險相對高、報酬相對高」的「格局 3」，僅能短打，不能長抱；若受惠風險意識趨緩出現短線價格飆漲，那就會變成「風險相對高、報酬相對低」的「格局 4」，更是得全力避開（詳見 2-3 圖 2）。

無風險債券》美國長天期公債波動大，謹慎掌握布局良機

　榮景期並非長期持有和投資高收益債的好時機，因此從復甦期與成長期持有至榮景期的高收益債投資人，自然得在此區間逐步出脫該類資產。

　話說回來，既然高收益債僅存短期投資價值，那麼是否可以反向推導，無風險債券如長天期美國公債（以下簡稱長債）的長期投資價值開始浮現？

　嚴格來說是的，但仍要注意，在這個景氣擴張的最後階段，長債市場的波動度也非常巨大，因此操作上必須掌握良好節奏，否則不易抓住長趨勢的布局甜蜜點。

　美國長債從成長期進入榮景期、再到衰退期，一共會經歷 4 階段：完成主跌

段→反彈→再修正→最後走出長多。各階段的形成原因如下：

階段1》先完成主跌段（成長期→榮景期）

主跌段的成形，主要是因為進入榮景期後，影響長債 3 項最重要因素，包含「通膨預期」、「短率（短天期利率）水準」，以及「經濟增速」，都會顯著升溫。在這樣的環境，加上股市榮景造成的資金排擠效應，就會讓價格相對不那麼便宜的長債價格出現一波跌勢。

階段2》反彈（榮景期）

長債完成主跌段之後，會在景氣榮景期的中期出現一波反彈。這波反彈主要是因為升息走到盡頭時，影響長債利率的短天期利率不再向上，就能讓債券止跌回穩。

此外，在長期緊縮環境下，會讓通膨和經濟增長動能趨緩，甚至造成市場擔憂景氣轉向，這些因素都有利於債券價格的回升。而漲高的股市若於此時出現一定程度的回落整理，就會進一步幫助美國長債市場上漲。

2019 年就是很好的例子，這 1 年股市出現較明顯的波動，美國聯邦準備理事會（The Federal Reserve System，Fed，以下簡稱聯準會）從升息轉為降息，經濟和通膨增速走緩，讓債券出現大跌後的強勁反彈走勢。

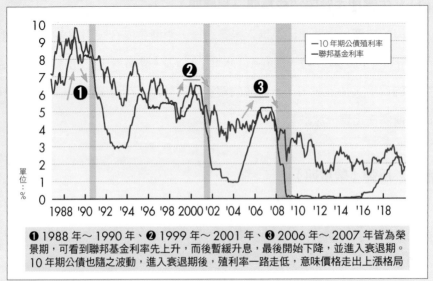

圖2 **榮景期利率先升後降，公債價格出現上漲格局**
——美國10年期公債殖利率與聯邦基金利率變化

單位：%

— 10年期公債殖利率
— 聯邦基金利率

❶ 1988年～1990年、❷ 1999年～2001年、❸ 2006年～2007年皆為榮景期，可看到聯邦基金利率先上升，而後暫緩升息，最後開始下降，並進入衰退期。10年期公債也隨之波動，進入衰退期後，殖利率一路走低，意味價格走出上漲格局

註：1.「10年期公債殖利率」資料統計時間為1987.01.02～2019.11.07；2.「聯邦基金利率」資料統計時間為1987.01～2019.10；3.灰底為景氣衰退期間
資料來源：聖路易聯邦儲備銀行（fred.stlouisfed.org/graph/?g=pu9M）

階段3》再修正（榮景期）

　　隨著榮景期中期的利率調整告一段落（暫緩升息和降息），景氣與通膨適度喘息，加上低基期的加持下，景氣熱度往往會再度竄升。由於景氣循環未告終，股市也會再演激情！因此，反彈後的美國長債就會迎來最後的末跌段，此時，就是布局債市長多的最佳契機！根據景氣循環投資法，在此階段可以布局

圖
3 **榮景期尾聲通膨升溫，經濟成長率見高後下滑**
—— 美國CPI年增率與實質GDP年增率變化

在榮景期最後階段，因聯準會放緩緊縮，貨幣環境相對寬鬆，也帶動通膨升溫。經濟成長率則是在榮景期見高後反轉下滑

註：1.資料統計時間起始自1987.01；2.「消費者物價指數（CPI）年增率（通膨率）」數據截至2019.09；3.「實質GDP年增率（經濟成長率）」數據截至2019.07；4.灰底為景氣衰退期間
資料來源：聖路易聯邦儲備銀行（fred.stlouisfed.org/graph/?g=pua0）

5成～7成的美國長債部位，以迎接景氣轉折的寒冬到來（詳見圖2、圖3）！

階段4》最後走長多趨勢，一路大漲（榮景期→衰退期）

當景氣走入衰退期，股市將會出現重大修正，資金環境趨向寬鬆，長債利率將會降至相對低的水準，在這樣的環境下，美國長債價格將走出一波長多格局。

　　而早在上述階段 3 進場布局的投資人，不但能避開股市大跌的虧損，還能同時享有美國長債價格的上漲，成為景氣循環轉折之間的大贏家。

原物料》榮景期中期後為最後高潮，務必小心操作

　　榮景期階段，特別是中期之後，隨著聯準會放緩緊縮（暫緩升息甚至降息），一來會帶動通膨上揚，二來導致美元見頂走軟，是原物料能譜出最後一波高潮的推手。為什麼會出現這樣的情況呢？

　　這是因為除了當貨幣結束循環緊縮後，可以為尚未轉入衰退的總體經濟提供一定程度的增長動能之外（在實質層面和信心層面都能帶來助益，並推升風險資產價格，進而有利處於低檔的油價走出多頭行情）；更重要的原因，是當美國決定於景氣循環後期結束緊縮時，往往會讓美元從高點回落，而美元正是決定油價最重要的關鍵因素之一。

　　歷史經驗顯示，過去 3 次仍處於景氣擴張期的結束貨幣緊縮進程，都讓美元出現一定程度的回落走勢，這就是油價大幅回升的重要基石（詳見圖 4）。

　　不僅如此，當緊縮循環結束、美元走弱、油價回溫，還會帶動的就是整體通膨的環境重現。而且因為缺乏升息的壓制，這次的通膨揚升往往會是多年的最

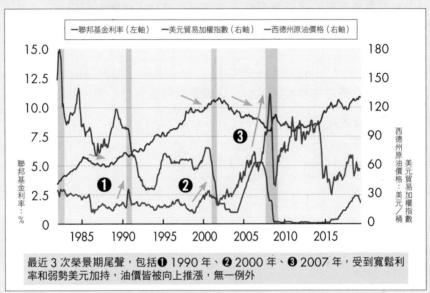

榮景期尾聲，低利率與弱勢美元為油價上漲推手
——美國聯邦基金利率、美元貿易加權指數與西德州原油價格變化

最近 3 次榮景期尾聲，包括❶ 1990 年、❷ 2000 年、❸ 2007 年，受到寬鬆利率和弱勢美元加持，油價皆被向上推漲，無一例外

註：1.資料統計時間為1982.01～2019.10；2.「美元貿易加權指數」以1997年為基期，基期指數＝100；3.灰底為景氣衰退期間
資料來源：聖路易聯邦儲備銀行（fred.stlouisfed.org/graph/?g=puCo）

強走勢（最終這個惡性通膨會將景氣帶入衰退）。而通膨再次降臨，和油價之間會形成相輔相成的對應關係，直到景氣循環告終，進入衰退。

　　然而，值得注意的是，無論是生產力帶動，或是通膨增長帶動的景氣擴張循環，在擴張結束並進入衰退期時，原物料都會出現嚴峻的跌勢；差別只在於，

當衰退期結束，原物料僅會在生產力擴張循環的復甦期，出現短暫漲勢，而後走入原物料長期空頭。若衰退期結束後進入的是通膨擴張循環，原物料多頭則會從復甦期重新啟動，並延續至成長期甚至榮景期，這就有賴投資人做出正確的判斷了（詳見 2-4）。

　　總之，若有投資原物料相關題材，在榮景期最重要的心態，就是懂得「見好就收」，切莫被大好市況的熱潮沖昏頭了！

景氣循環週期4》
衰退期

5-1 緊盯2數據
確認衰退期是否來臨

「認為景氣循環不會因衰老而死亡是大有問題的，因為它們確實會死亡。」
（The trouble with thinking that expansions don't die of old age is that they do.）

——羅伯特・薩繆森（Robert Samuelson），2016 年 2 月 21 日《華盛頓郵報》

　　景氣從榮景期走入衰退期，是 1 件悲傷的事。但正如人的「生老病死」一般，是景氣循環的必經過程。人一生中總要遇上個幾次，因此如何良好的調適，是無法逃避的重要人生課題。衰退期的到來，有幾個重要的特徵，剛好和前面的榮景期呈現高度反差：1. 景氣快速降溫；2. 資本市場急凍、出現大幅崩挫並轉趨低迷；3. 市場充斥悲觀氛圍；4. 風險趨避情緒高昂。

　　衰退期隨著時間推移，理論上這些現象應該逐漸好轉。然而，市場因恐慌情緒瀰漫，直到脫離衰退期為止，悲觀和風險趨避情緒都不容易有所緩解。也由

自1989年以來，美國經歷3次景氣衰退期
──美國3項經濟指標及景氣循環對照圖

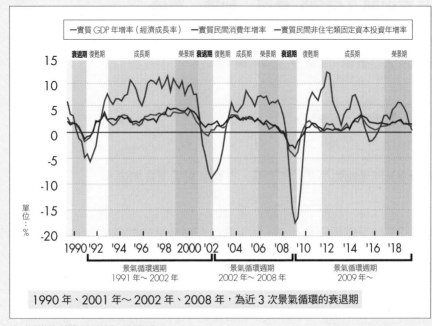

—實質 GDP 年增率（經濟成長率）　—實質民間消費年增率　—實質民間非住宅類固定資本投資年增率

衰退期　復甦期　　成長期　　　　榮景期　衰退期　復甦期　成長期　榮景期　衰退期　復甦期　　　成長期　　　榮景期

單位：%

15
10
5
0
-5
-10
-15
-20

1990 '92 '94 '96 '98 2000 '02 '04 '06 '08 '10 '12 '14 '16 '18

景氣循環週期
1991 年～2002 年

景氣循環週期
2002 年～2008 年

景氣循環週期
2009 年～

1990 年、2001 年～2002 年、2008 年，為近 3 次景氣循環的衰退期

註：資料統計時間為1989.07～2019.07
資料來源：聖路易聯邦儲備銀行（fred.stlouisfed.org/graph/?g=pq3r）

於此時期過程太過痛苦，往往會造成後續相當長時間的消費、投資、企業經營
等心態，產生結構性改變，可說是景氣循環週期最為巨變的時代（詳見圖1）。

換個角度來看，投資人若能做好萬全的準備，迎接衰退期的到來，反而有可

能抓到難得的「財富重新分配」機遇，從此脫穎而出，成為長期大贏家！

景氣衰退期 3 階段》轉弱、加速、落底

景氣墜入衰退期，會經歷 3 個階段：

階段 1》景氣全面轉弱。

階段 2》隨著相對高基期的影響，整體衰退速度會加快。

階段 3》隨著基期逐漸落底，加上貨幣和財政面的救市措施出爐，景氣落底止穩，靜待復甦。

根據美國《富比世》（Forbes）雜誌統計，自 1854 年以來，美國景氣衰退期平均約 17.5 個月，大約是 1 年半的時間。

換句話說，這 3 個階段的進展將非常快速，進度是以季度為單位，而非以年度為單位，因此往往會讓人有措手不及的感覺。

如果尚未做好準備的時候，景氣已快速轉弱，資產將會受到傷害；若是又在

整體景氣已逐漸落底的同時，順著市場的恐慌氣氛跟著拋售，或是選擇遠離投資場域，將會錯失難得的新一輪景氣擴張週期契機。

接下來，我們就要仔細地剖析，如何正確的認知這個週期的樣貌，並學習度過黑暗，順利等到光明到來！

數據 1》個人消費支出年增率出現「2 次消費陡降」

先把時間推回到榮景期末期，此時市場氣氛仍然一片樂觀，是投資人最需要保持高度戒心的時刻。此時因為各項總體經濟數據基期走高，數據是否存在「無法更好」的情況，並醞釀下行風險？說起來容易，究竟該如何從根本上確認景氣進入慘烈的下行循環呢？最簡單的方式，就是從民間消費和投資數據著手！

首先，緊盯消費，使用的數據是美國實質個人消費支出（Real Personal Consumption Expenditures）年增率（以下簡稱個人消費支出）。長期景氣擴張榮景勢必推升數據的基期，因此，連續相連 4 季度的下修（視為「1 次消費陡降」），不一定確立向下轉折，可能只是高基期的調整。

然而，若基期走低之後，個人消費支出數據卻沒有回溫，反而走得更低，那就是轉折確立了！代表景氣轉疲已成定局，視為「2 次消費陡降」。

　　過去近半世紀來，一共經過 4 次大型景氣收縮循環，其中民間消費動能的變化，都起了相當好的警示作用——個人消費支出年增率皆出現顯著下行走勢。

　　進一步來拆解說明，當景氣從榮景高峰下滑，因為高基期的關係，會先看到的「1 次消費陡降」，這只是 1 個警訊，而不是轉折確認。原因在於，高基期之下的景氣走疲，是正常的循環，只要當基期走低之後，能夠開始回溫，那警訊就告解除。

　　因此，當內需動能相連 4 季度下修後，端詳接下來的第 5 季度表現就無比重要了！若此季度在基期顯著走低的情況下，雖出現低基期反彈，但後繼無力繼續下行（1980 年與 1990 年），那就確認內需動能確實轉弱，景氣即告轉折（詳見圖 2）。

　　更慘的情況則是，第 5 個季度在低基期下竟無反彈，而是繼續下修（2001 年和 2008 年）！那就意味景氣已急速惡化。這種現象為「2 次消費陡降」，而無論是何種情況，都意味景氣確認走入「衰退期」。

　　確認景氣轉弱需要格外慎重！因為美國民間消費這個巨輪，從來不會陡然減速，唯有經過 5 個季度以上的確認，確定若未好轉，才能確認景氣轉向。若只見到黑影就開槍，則可能造成嚴重誤判。

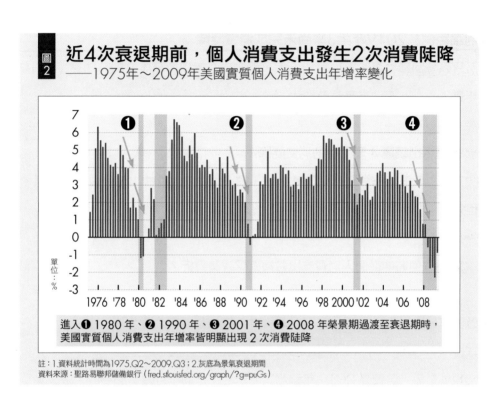

圖 2

近4次衰退期前，個人消費支出發生2次消費陡降
——1975年～2009年美國實質個人消費支出年增率變化

進入❶ 1980 年、❷ 1990 年、❸ 2001 年、❹ 2008 年榮景期過渡至衰退期時，美國實質個人消費支出年增率皆明顯出現 2 次消費陡降

註：1.資料統計時間為1975.Q2～2009.Q3；2.灰底為景氣衰退期間
資料來源：聖路易聯邦儲備銀行（fred.stlouisfed.org/graph/?g=puGs）

　　例如，2015 年第 2 季～ 2016 年第 3 季，雖然個人消費支出年增率連續 6 個季度持續下行；但是，從 2015 年第 4 季～ 2018 年第 1 季，連續 10 個季度的數據，都維持在差不多的理想水準（2.5% ～ 3%），亦即沒有顯著惡化的情勢（詳見圖 3）。那麼，這段期間顯然並非趨勢轉折確立。

　　太多人都在這時看錯方向，錯誤研判景氣的轉折，鑄成大錯！

判讀範例》2019年第3季尚未完成消費陡降

只顧著回顧往事，幫助可能不大，那麼現在就以撰寫本文的時間點（2019年第 4 季），來做未來趨勢推估：

1. 是否出現連 4 季下行的消費陡降？

2018 年第 4 季、2019 年第 1 季，個人消費支出數據出現連續 2 季衰退。但是到了 2019 第 2 季又出現增長，扭轉前面 2 季連續衰退。

2. 最快何時能從個人消費支出數據確認趨勢轉折？

2019 年第 3 季又出現了衰退，假設從此時開始啟動連續 4 季度下行走勢，意味著最快也要到 2020 年第 3 季，才能確認是否有消費陡降。

也就是說，若擔憂 2019 年整體景氣走疲，是過早且沒有必要的，這波景氣擴張仍會順利延伸至 2020 年。當然，進入 2020 年之後，要特別注意在高基期之下，個人消費支出數據是否出現「1 次消費陡降」警訊及「2 次消費陡降」的趨勢確認？若屆時數據顯示如此，投資人可得做好對應的操作準備了！

數據 2》民間投資年增率比經濟成長率更早反轉

正由於民間消費的趨勢不易扭轉，所以一旦扭轉，也難以在短時間內快速重

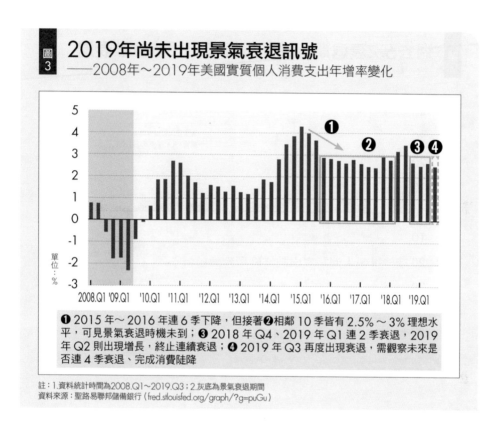

圖3 2019年尚未出現景氣衰退訊號
——2008年～2019年美國實質個人消費支出年增率變化

❶ 2015年～2016年連6季下降,但接著**❷**相鄰10季皆有2.5%～3%理想水平,可見景氣衰退時機未到;**❸** 2018年Q4、2019年Q1連2季衰退,2019年Q2則出現增長,終止連續衰退;**❹** 2019年Q3再度出現衰退,需觀察未來是否連4季衰退、完成消費陡降

註:1.資料統計時間為2008.Q1～2019.Q3;2.灰底為景氣衰退期間
資料來源:聖路易聯邦儲備銀行(fred.stlouisfed.org/graph/?g=puGu)

新加速,無論是財政或貨幣的刺激措施都需要一段時間才能發酵。在這段民間消費不振的萎縮期,補上一腳的就是民間投資部門。

前面第4課講述榮景期曾提到,民間投資熱潮「水能載舟、亦能覆舟」(詳見4-1、4-2)。過度投資的弊病,會在衰退期加倍奉還。

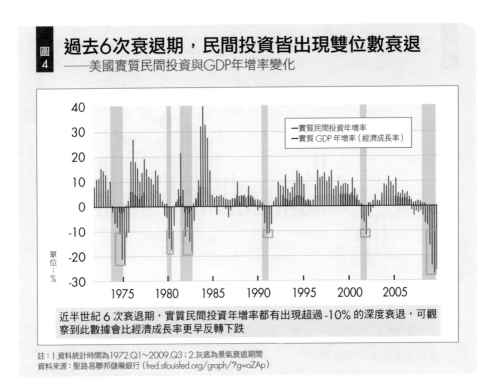

圖4 過去6次衰退期，民間投資皆出現雙位數衰退
——美國實質民間投資與GDP年增率變化

近半世紀 6 次衰退期，實質民間投資年增率都有出現超過 -10% 的深度衰退，可觀察到此數據會比經濟成長率更早反轉下跌

註：1.資料統計時間為1972.Q1～2009.Q3；2.灰底為景氣衰退期間
資料來源：聖路易聯邦儲備銀行（fred.stlouisfed.org/graph/?g=oZAp）

　　民間投資的總體經濟數據，要觀察的是實質民間投資（Real Gross Private Domestic Investment）年增率（以下簡稱民間投資數據）。基本上，民間投資的衰退週期，會較整體 GDP 領先 1 個～ 2 個季度。

　　而當企業感覺到苗頭不對，想加速抽離過度投資的困境時，搭配極高的基期，就會發生民間投資數據的急降（詳見圖 4）！這個急降，就是景氣加速跌入深

淵的臨門一腳。

　　過去半世紀以來 6 次的衰退期，每次都會看到民間投資數據出現超過 10% 以上的雙位數深度衰退！當民間投資端出現如此驚人的衰退時，對於資本市場和消費市場的信心衝擊將是災難性的，這也是為什麼每次景氣走空，股市必然劇烈下修的主因。

留意3指標低檔反轉
簡易判斷景氣落底

當我們看到民間消費和投資雙雙反轉,確立景氣進入加速下行循環,投資市場將會度過一段痛苦的黑暗時期。不過,如果你已經在榮景期間,為資產順利做好配置(利用景氣循環投資法,將部分股市資產轉至無風險債券資產),相信你的整體資產波動度不會太大,無風險債券部位甚至能獲利滿盈。

而在景氣一片低迷的時期,最重要的投資功課就是「判斷景氣落底」。景氣落底,如同在黑暗中看到黎明,無論是企業經營,或是投資規畫,都要懂得趁此機會「危機入市、人棄我取」。決勝的關鍵,正是從慘澹的總體經濟數據裡,分辨出景氣落底反轉的確認信號。

在解讀數據之前,要先跟大家說明,本書所採用數據的「年增率」(Percent Change from Year Ago),都是和去年同期相比的「YOY」(Year-On-Year,詳見名詞解釋),較少採用美國學界常使用的「Saar」(Seasonally Adjusted Annualized Rate,詳見名詞解釋),原因在於美國的 Saar 數據往往波動較大,

名 詞 解 釋

YOY

以季度數據而言，YOY 即指以當季數據與去年同季數據相比的成長率。只要是正值，代表當期數據比去年同季成長，負值則為衰退。

Saar

以季度數據而言，是先計算出當季數據與上 1 季相比的成長率（季增率），並經由季節性調整後，折算為年率。所謂季節性調整是指排除數據的季節性因素，例如數據受到產業淡旺季、假期影響而有異常高或低的表現，利用統計學的季節性調整，可排除這些季節因素的影響。

因此進行趨勢判讀較為不易。

　　不過，在判斷衰退期是否落底的時候，建議大家採用 Saar，以季度數據而言，Saar 是把相鄰 2 季的變動（季增率）擴張為 4 季來計算年增率。也就是說，它納入更多短期經濟情勢強弱走向的變化，細究其變動情況，更能靈敏判斷景氣是否落底（查詢方式詳見圖解教學）。

　　接下來，就要告訴你，如何從「投資」與「消費」角度，判讀景氣落底。要先請大家先記住這句話：**「當景氣只要不會更差，就必然會逐漸好轉。」**

　　從心理層面來看，當景氣顯著轉壞時，因為恐慌氣氛過於濃厚，容易讓人以

現有的悲觀場景,作為未來景況的投射。例如 2008 年底,時任鴻海集團董事長的郭台銘先生看待 2009 年,認為「景氣還會壞 3 倍」,就是在這種背景下出現的(2008 年 12 月 19 日,郭台銘面對記者詢問景氣是不是很壞?他說:「(不景氣的問題)還要再把它擴大 3 倍,最糟的還沒來。」他並承認鴻海在全球各地,包括台灣,都在裁員。處於壞的局面總會想得更壞,是人性,無關智慧和歷練。

然而,通常實際情況,並不會這麼糟。這麼一來,無論是略好、稍好,或是顯著好轉,那麼隨後的新一輪補庫存(產業),和估值重新調整(資本市場),就是水到渠成了。

從實質經濟數據來看呢?這裡要提醒大家,當基期已經走得很低,要比「最壞」還要更壞,其實是相當有難度的。當景氣逐漸落底,低基期下的(強勁)反彈,是可以期待的。我們只要運用 3 個重要的低檔反轉指標,就能簡單的抓住正確的景氣落底時機。

指標 1》民間投資:動能轉強是推動景氣谷底止穩的關鍵

由於景氣急速下行,重要因子就是投資面的急遽衰退所致。因此,若投資端逐漸有所轉圜,總體經濟就有機會從本質上止穩回溫。如前所述,總體經濟數

據的季增年率上下波動大，大部分時候不利於看穿長期趨勢；但在特定時間點，例如要審視景氣衰退期的細微變化，卻有相當好的功效。

例如過去近 40 年來，實質民間投資（Real Gross Private Domestic Investment）的季增年率（Saar）出現極低的水平時，通常代表季增趨勢非常差，這是市場極度悲觀的時間點。當然，差還可以更差，在過去幾次的衰退循環中，數值的向下也曾持續數個季度。然而，要特別留意的是，當基期逐漸走低，接下來只要季增年率開始好轉，意味短期（季度和季度間）的衰退動能開始消退，民間投資動能轉強，那麼景氣谷底就浮現了（詳見圖 1）。

由於整體數值的基期處於多年低點，只消略為改善，回復正常的投資動能就會推升這項數值顯著改善，並逐漸將總體經濟拉離谷底區（投資回暖會傳遞到就業市場和消費市場），結束衰退期循環。若想更進一步得知民間投資的轉折，建議可以參考「固定資本的設備支出」細項。理論上，固定資本生成的動能恢復，象徵工商業部門的活力重現；而工商投資的領頭羊，就是廠商要願意去增加「設備」的支出。

從前次衰退期──金融海嘯期間（2008 年）的例子可以看到，設備支出季增年率的落底，比整體民間投資和整體資本支出的落底提早了 1 個季度（詳見圖 2）。這種領先特性，很適合用於提早研判景氣落底的到來。

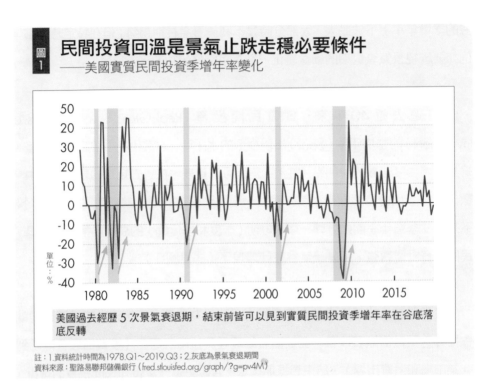

圖1 民間投資回溫是景氣止跌走穩必要條件
——美國實質民間投資季增年率變化

美國過去經歷 5 次景氣衰退期,結束前皆可以見到實質民間投資季增年率在谷底落底反轉

註:1.資料統計時間為1978.Q1~2019.Q3;2.灰底為景氣衰退期間
資料來源:聖路易聯邦儲備銀行(fred.stlouisfed.org/graph/?g=pv4M)

指標 2》民間消費:數據轉強是景氣落底轉強的重要基石

在慘澹的衰退期裡,民間消費何時能夠轉強,是景氣反轉的重要關鍵。對此,我們必須仰賴「實質零售銷售」(Advance Real Retail and Food Services Sales)的月增年率(Saar)來告訴我們(零售銷售數據為每月更新的數據,更為及時)。

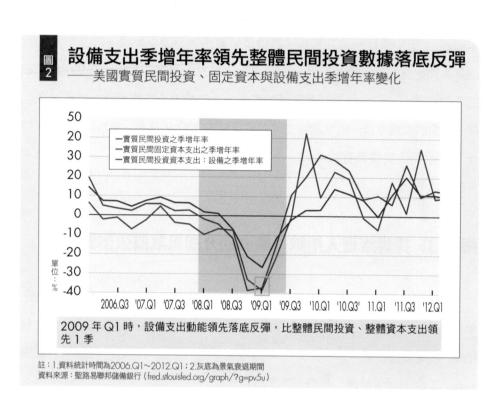

圖2 設備支出季增年率領先整體民間投資數據落底反彈
——美國實質民間投資、固定資本與設備支出季增年率變化

實質民間投資之季增年率
實質民間固定資本支出之季增年率
實質民間投資資本支出：設備之季增年率

單位：%

2006.Q3　'07.Q1　'07.Q3　'08.Q1　'08.Q3　'09.Q1　'09.Q3　'10.Q1　'10.Q3　'11.Q1　'11.Q3　'12.Q1

2009 年 Q1 時，設備支出動能領先落底反彈，比整體民間投資、整體資本支出領先 1 季

註：1.資料統計時間為2006.Q1～2012.Q1；2.灰底為景氣衰退期間
資料來源：聖路易聯邦儲備銀行（fred.stlouisfed.org/graph/?g=pv.5u）

　　以 2001 年為例，當時正經歷網路泡沫破裂後的衰退期，當年 9 月發生 911 恐怖攻擊事件，而 10 月就出現消費暴漲（主因是 911 恐怖攻擊事件後的遞延消費），這項亮眼的消費數據，正面效益顯然大於前月受重大災難的負面影響，也一舉將景氣拉出衰退期泥淖（詳見圖 3）。

　　無獨有偶，2008 年 11 月，受到美國金融機構雷曼兄弟（Lehman

Brothers）公司破產的陰霾影響，導致景氣衰退的急凍低點後，零售銷售的月增年率開始自底部慢慢向上爬，並於 2009 年的 1 月攀回正值。交叉比對同期的年增率（YOY），也訴說著同樣的情況——數據沒有再度惡化，落底跡象明顯。內需的低檔支撐，也是讓我當年有底氣在 2009 年 2 月，勇敢寫下〈2009年，開始買進美股最好的 1 年！〉（www.izaax.net/blog/?p=76）經典一文的最大根據！

指標 3》採購經理人指數：觸底回升即景氣擴張倒數計時

判斷經濟趨勢時，由美國供應管理協會（Institute for Supply Management，簡稱 ISM）編製的「採購經理人指數」（Purchasing Managers' Index，簡稱PMI），是最好用的經濟數據之一。這項指數每月更新，取自每月訪問各產業經理人的問卷調查結果，具有高度即時性。

指數又分為製造業和非製造業，以製造業來說，被列入調查的項目包括新增訂單數量、生產數量、存貨等第一線生產數據，幾乎可以無時差的探知當下環境的景氣強弱。但因為其問卷調查性質亦受市場事件和氛圍干擾，造成數據有較大的波動性，也因此成為常被誤用的數據。

舉例來說，市場常會在景氣擴張期的過程中，過度擔憂製造業採購經理人指

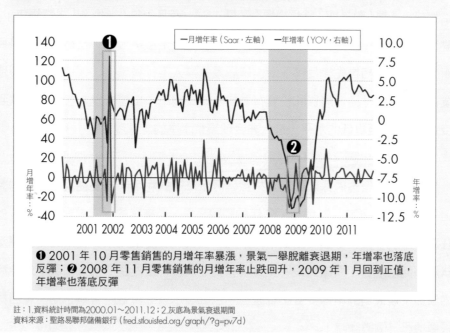

圖3 **零售銷售以YOY與Saar檢視，提早判斷景氣落底**
——美國實質零售銷售月增年率與年增率變化

❶ 2001 年 10 月零售銷售的月增年率暴漲，景氣一舉脫離衰退期，年增率也落底反彈；❷ 2008 年 11 月零售銷售的月增年率止跌回升，2009 年 1 月回到正值，年增率也落底反彈

註：1.資料統計時間為2000.01～2011.12；2.灰底為景氣衰退期間
資料來源：聖路易聯邦儲備銀行（fred.stlouisfed.org/graph/?g=pv7d）

數走疲；然而此項指數易受庫存和產能調控影響，因此在解讀時，須懂得做出正確研判。

事實上，製造業的指數走疲，通常不至於導致景氣的轉向；除非占 GDP 比重達 8 成的非製造業（服務業）指數也同步走弱（如 2000 年和 2008 年，

詳見圖 4），才可視為景氣轉向的確認。

　　我在第 4 課（榮景期）曾經提過（詳見 4-2），商品銷售（指標為「零售銷售」）會比服務銷售（指標為「個人消費支出」）更早走疲；因此，當這兩項代表民間消費動能的指標先後反轉下滑、確認景氣進入下行循環後，製造業與非製造業指數會在高基期、消費和投資行為的急遽改變下，出現快速走疲，雙雙跌到接近 40% 甚至更低的水平，進入非合理調整水平的「深度衰退」。

　　那麼，要怎麼透過採購經理人指數確認景氣落底呢？同樣要從反應較快的製造業著手。從 2001 年和 2009 年的經驗來看，製造業的採購經理人指數，都在底部出現了反彈跡象，指數不再下探，代表無論產業氣氛和企業的實質運營狀況都開始改善。而由於民間投資端和製造業端，正是整個景氣循環率先走疲的環節；當最弱的環節雙雙出現起色，也就暗示景氣衰退不會無了期，重回擴張循環已是倒數計時！

衰退期應高度重視風險，樂觀把握機會

　　從上述所有的數據都可以看到，景氣衰退期各項經濟數據的變化，是非常劇烈的，各項目出現雙位數的衰退幅度是習以為常；不僅如此，這段過程非常短，景氣從峰頂到谷底往往 1 年就達標了。

製造業採購經理人指數止跌回溫,為景氣落底信號
——美國ISM製造業與非製造業採購經理人指數變化

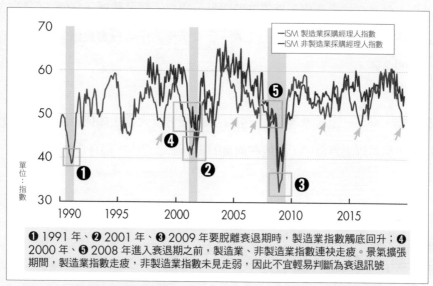

❶ 1991 年、❷ 2001 年、❸ 2009 年要脫離衰退期時,製造業指數觸底回升;❹ 2000 年、❺ 2008 年進入衰退期之前,製造業、非製造業指數連袂走疲。景氣擴張期間,製造業指數走疲,非製造業指數未見走弱,因此不宜輕易判斷為衰退訊號。

註:1.「ISM 製造業採購經理人指數」資料統計時間為1990.01~2019.10;2.「ISM 非製造業採購經理人指數」資料統計時間為
   1997.07~2019.10;3.灰底為景氣衰退期間
資料來源:財經M平方

　　因此,從榮景期到衰退期,投資人必須未雨綢繆,做好萬全的風險準備;否則若是應變不及,必然在這樣的強力景氣下行逆風中受傷。

　　而當風暴確實襲來,大部分的人都受傷慘重的同時,慘澹蕭條的市況,會讓人灰心,並對未來投射更悲觀的預期,這也是為什麼會有「景氣還要壞 3 倍」

之類的研判。

　　然而，就是在這樣最痛苦無望的時間點，極大的發展契機正在悄悄醞釀；投資人的一生當中，那怕只要抓上 1 次、2 次這樣的絕佳投資良機，往往就可扭轉未來的命運。

　　衰退期，一下一上，悲喜交加，接下來就要告訴大家，如何擬定最佳的投資策略，不但可以趨吉避凶，還能在財富的重分配過程中，翻身成為大贏家！

圖解教學　查詢美國經濟指標年增率與季增年率

本書所使用的美國總體經濟數據，多取自聖路易聯邦儲備銀行的經濟資料庫網站。該網站有極為完整及豐富的數據，在查看某項經濟指標時，可以按需求選擇數據的呈現方式。此處就以「實質民間投資」指標頁面為例，查看該指標「年增率」（YOY）及「季增年率」（Saar）。

前往聖路易聯邦儲備銀行經濟資料庫網站（fred.stlouisfed.org），於搜尋欄輸入欲查詢指標名稱。此處以「實質民間投資」為例，輸入❶「Real Gross Private Domestic Investment」，再按下❷搜尋按鈕。

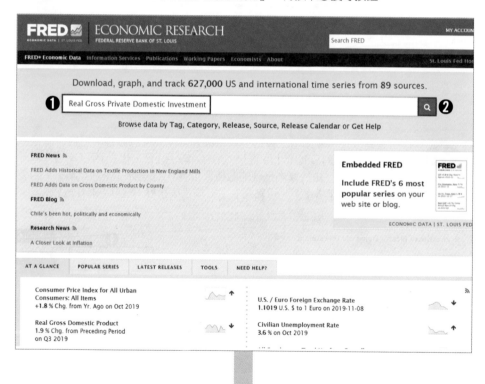

接續下頁

STEP 2 進入搜索結果頁面後，在「Real Gross Private Domestic Investment」列表點選❶「Billions of Chained 2012 Dollars, Quarterly, Seasonally Adjusted Annual Rate」。

STEP 3 即可看到該指標線圖，且自動呈現為最大時間區間的數據。可自行調整欲觀察的區間如❶1980年1月1日～2019年7月1日，代表1980年第1季～2019年第3季。由於原本呈現的數據單位為10億美元（季增年率），若要切換為YOY（年增率），可點選右上方橘色按鈕❷「EDIT GRAPH」。

STEP 4 此時右側會彈出編輯視窗，從❶「Units」下拉選單，將原本的「Billions of Chained 2012 Dollars」修改為「Percent Change from Year Ago」，也就是YOY（年增率），❷畫面中的線圖就會立刻呈現實質民間投資年增率變化。

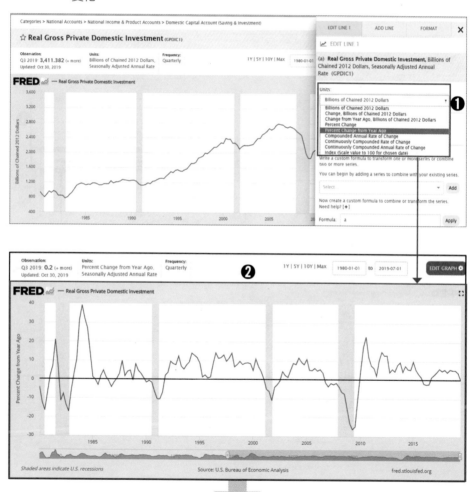

接續下頁

若要查詢Saar（季增年率），則要再從❶「Units」下拉選單中，點選
「Compounded Annual Rate of Change」，❷即可看到畫面顯示為季增
年率線圖。兩者相比可發現，比起年增率，季增年率所呈現的線圖趨勢，
明顯有更劇烈的波動。學會使用此項數據，在判讀衰退期落底時將有很大
的助益。

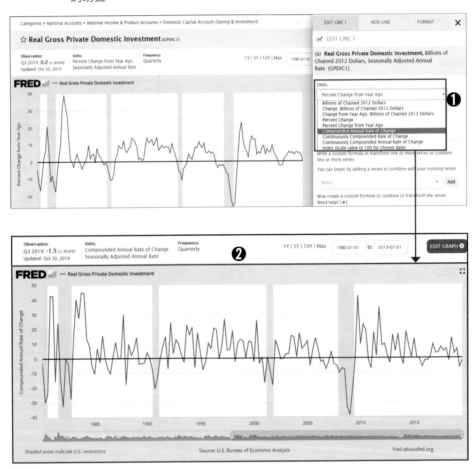

資料來源：聖路易聯邦儲備銀行

投資法》持有債券＋美元 把握股市低檔布局時機

> 「不要去想說某個漲很多的標的會不會再漲，並找一大堆理由來說服自己進場，而是要努力去找找看有沒有什麼低估的標的。如果發現找了很久卻都找不到的話……，不要找了……，代表都太貴了！」

——愛榭克（Izaax），〈The Myth of Market 市場迷思〉，

2007 年 11 月 21 日發表於批踢踢實業坊（PTT）基金板

　　投資最困難的時期，但也蘊含最大改變契機的週期，非衰退期莫屬了。當景氣進入衰退期後，經濟增速會大幅陡降，並導致資本市場出現較大的回落，從歷史經驗看來無一例外（詳見圖 1）。

　　事實上，景氣進入衰退期的過程中，經濟數據見頂反轉的時間，通常早於資本市場反轉，這也是為什麼本書在榮景期和衰退期這 2 課（第 4 課、第 5 課），

花了不少篇幅討論有關景氣轉折的重要經濟數據判讀。若能早市場一步,發現景氣即將走入衰退,那麼對於整體投資部位的調整,將能帶來相當重大的幫助。

債市》保守投資人理想避風港

債券(不含高收益債)以美國政府公債和投資等級債券為代表,一般被視為「低度風險資產」(低風險低報酬),是重要的長期資產配置要項。在衰退期間市場風聲鶴唳,諸多風險資產大幅跌價的同時,最佳的資金去處,就是債券市場了。

從另一個面向來看,投資債券仍有 1 個隱藏性的「購買力風險」。簡單來說,購買力風險就是隨著通膨的發展,該項投資所喪失的實質購買力。

債券持有至到期,本金始終不變

債券的性質迥異於股市及房地產。投入於股市、房市的本金,基本上都具有抗通膨的特質。以股市而言,只要是良性通膨,大部分企業多可在合理範圍內,將上升的成本適當反映到終端售價的提升,維持毛利率不墜;若毛利率不變,當營收絕對值增速大於生產和營運成本上揚,企業盈利就可維持不低於通膨增速的永續增長(衰退期除外)。而房市則由於土地稀缺性和必須反映興建成本,長期會忠實反映通膨的影響至終端價格。

景氣衰退期間，美股皆出現重挫
——美國GDP年增率與Wilshire 5000總市場指數變化

歷次景氣衰退期，GDP 年增率會先出現明顯下滑，隨後美股出現重挫

註：1.「GDP年增率」資料統計時間為1972.Q1～2019.Q3；2.「Wilshire 5000總市場指數」資料統計時間為1972.01.31～
2019.11.14；3.灰底為景氣衰退期間
資料來源：聖路易聯邦儲備銀行（fred.stlouisfed.org/graph/?g=pwZc）

因此當我們同時投入一筆資金到股市、房市、債市這 3 個標的，時間一拉長，股市和房市的本金在正常情況下，會隨著通膨和經濟增長發展自然成長。

債券就不一樣了，除非再投入每年的配息，否則債券本金就會如同定存本金一樣，始終維持不變（詳見表 1）。

表1 債券收益無抗通膨特質，卻是衰退期理想配置選項
——債券vs.股市vs.房市

比較項目	債券	股市	房市
本金變化	本金始終維持不變	本金（股票淨值）會隨通膨和經濟增長自然增加	本金（房地產市價）會隨通膨和經濟增長自然增加
利息收入	買進債券時，利息即保持固定不變	若企業盈利增加，投資人可領取更多股利收入	房屋租金通常可隨通膨而逐漸上升
景氣擴張時表現	利息遠低於股市及房市，報酬率相對差。景氣擴張時缺乏抗通膨特質	當企業盈利增加，通常能反映至股價與淨值的上升。長期具備抗通膨特質	景氣擴張時，通膨上升，帶動房地產價格上漲。長期具備抗通膨特質
景氣收縮時表現	衰退期資金湧進利息穩定的債券市場，推動債券多頭，且多能延續至接下來的景氣復甦期	衰退期企業盈利表現差，股價與股利皆可能下滑	衰退期房價易走跌，房屋租金不易調漲

註：債券指無風險或低風險的投資等級之美國公債及公司債

債券配息率固定，每期利息不會增加

此外，在買進債券的同時，即鎖住固定的長期配息率，債券所配發的利息不會更動。但是以股票來說，企業盈利的增加會逐年回饋到股價、淨值，或是反映在增加的配息金額。

若將房地產出租，房屋租金收入雖然與債券利息同屬固定收入，但是房屋租金通常會隨著通膨水平逐年調整，對應不會變動的原始購屋本金，租金收益率

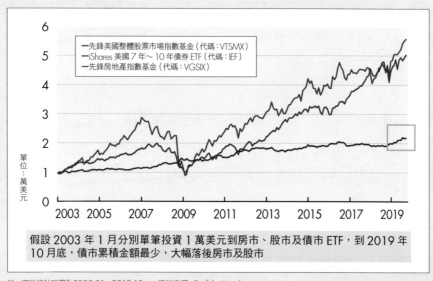

2003年起單筆投資16年，債市報酬低於股市與房市
——近16年美國房市、股市、債市單筆投資累積金額比較

先鋒美國整體股票市場指數基金（代碼：VTSMX）
iShares 美國 7 年～ 10 年債券 ETF（代碼：IEF）
先鋒房地產指數基金（代碼：VGSIX）

單位：萬美元

假設 2003 年 1 月分別單筆投資 1 萬美元到房市、股市及債市 ETF，到 2019 年 10 月底，債市累積金額最少，大幅落後房市及股市

註：資料統計時間為2003.01～2019.10　　資料來源：Portfolio Visualizer

（租金占購屋本金的百分比）會逐年提高。可以說，無論是本金和利息，債券的抗通膨能力都比股市和房市低了不少，時間愈長，報酬率差異愈大。

我們分別以 3 檔指數基金及 ETF 進行試算（詳見圖 2），假設於 2003 年 1 月單筆投入 1 萬美元，計算至 2019 年 10 月底，可發現債市累積報酬最少，僅有約 2 萬 2,000 美元（累積報酬率約 120%），遠遠落後房市 5 萬 6,000

美元，以及股市 5 萬 500 美元（累積報酬率分別約 460% 及 400%）。

然而，抵抗通膨能力低落的債券，卻往往在衰退期能有相當好的表現。從資金面來看，此時股市盈利表現相對較差，租金則是不易調漲。因此，相對穩定收益的債券吸引力會大幅顯現。

從總體經濟層面來看，隨著衰退期的經濟成長率驟降、通膨走低並進入降息循環後，高評等的投資級公債和公司債，會從榮景期的最後打底走出大長多走勢（反映在殖利率走勢則為殖利率一路走跌，詳見圖 3）。此波的債券大多頭不會結束在衰退期，而是至少會延伸至下次景氣復甦期。

衰退初期高收益債易大跌，亦可趁機布局

值得一提的是，高收益債作為風險資產項目，雖然在進入衰退期的第一時間可能出現大跌，但仍是非常好的布局時間點。這是因為，在價格快速（過度）反應高收益債的債務違約率風險後，只要景氣落底，違約率的負面反應就不會再惡化。然而，所有有利債券的其他因子如通膨、增長和利差（通膨下滑、經濟成長率落底、利差逐步收斂等，皆有利債券價格上升），都會讓跌至谷底的高收益債價格顯得更為甜美，並推升其價格快速回升至正常水平。

總體來看，對保守型投資人來說，衰退期將大部位的資金放進債市，是正確

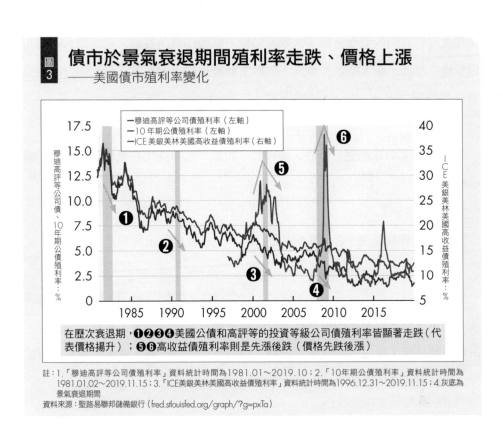

圖3 債市於景氣衰退期間殖利率走跌、價格上漲
—— 美國債市殖利率變化

在歷次衰退期，❶❷❸❹美國公債和高評等的投資等級公司債殖利率皆顯著走跌（代表價格揚升）；❺❻高收益債殖利率則是先漲後跌（價格先跌後漲）

註：1.「穆迪高評等公司債殖利率」資料統計時間為1981.01～2019.10；2.「10年期公債殖利率」資料統計時間為1981.01.02～2019.11.15；3.「ICE美銀美林美國高收益債殖利率」資料統計時間為1996.12.31～2019.11.15；4.灰底為景氣衰退期間
資料來源：聖路易聯邦儲備銀行（fred.stlouisfed.org/graph/?g=pxTa）

的方向，有助投資人度過漫漫長夜，靜待風險型資產良好投資契機的降臨。

股市》絕佳入市時機，分批布局、把氣拉長

風險資產，特別是股市，在衰退期由於企業盈利衰退和本益比的巨幅調整，

往往會在短時間內受到重擊。大家都知道，當股市跌落谷底，自然是大好的布局契機；然而，絕大多數投資人，卻無法把握這難得的財富重分配機會，主要有 2 個原因：

1. 在榮景期時未能見好就收，滿手套牢股票，已無空間在低檔布局，只能癡等解套。

2. 不耐久候或恐慌，看到股票重跌，忍不住在低檔區出脫股票，不敢進場。

這也是為何在榮景期最重要的任務，就是得預先做好景氣向下轉折的心理準備，切實依照景氣循環的位階降低資金曝險部位。這麼一來，當衰退期到來，市場一片恐慌、爭先恐後逃難的同時，你卻可以好整以暇，滿手現金，準備抓住大好投資契機！

雖然知道怎麼做，然而落實到現實面，難度還是不低。畢竟，要在異常悲觀的市場逆勢大買，是非常反人性的操作，除了勇氣之外，更需要清楚的策略。對此，我們必須清楚明瞭──衰退期最壞的情況會是什麼樣貌？只要做好最壞準備，就可以在無後顧之憂的情況下，擬定百分之百勝率的布局策略。

在 2009 年 2 月 13 日時，正當道瓊工業平均指數（Dow Jones Industrial

Average Index）甫跌破 8,000 點、美國經濟深陷金融海嘯深度衰退期的同時，我發表〈2009 年，開始買進美股最好的 1 年！〉（www.izaax.net/blog/?p=76）。文章說明面對市場嚴峻的逆風環境，如何打 1 場必勝的戰爭！

定期定額和分批布局的最佳策略，並非順著大多頭往上一路扣款，因為如此一來每次購進的成本會愈來愈高。最理想的定期定額時間點，反而是當股票往下大跌的時候，一路往下扣款至谷底，再一路扣款向上，最終完成 1 個 U 字型布局週期。當時這篇文章，我提出 1 個大家常忽視的基礎觀念，請見以下情境：

「如果我每個月都投資 10 元，我第 1 次投資的標的每單位 10 元，也就是，第 1 個月我可以買 1 單位。可是好景不常，這個「衰尾」標的，每個月都給我跌 1 元，我不死心，每個月持續加碼 10 元，10 元、9 元、8 元、7 元、6 元、5 元、4 元、3 元、2 元、1 元，跌到第 10 個月只剩 1 元，氣死我啦！請問這個標的要回到多少價位，我才能回本？」

「答案是 5 元嗎？不是唷！」

「因為淨值每個月都下滑，因此每月固定投入的資金（10 元）能夠購買的單位數就會增加，每個月如下：1 個單位、1.1 個單位、1.25 個單位、1.42 個單位、1.666 個單位、2 個單位、2.5 個單位、3.33 個單位、5 個單位、10 個單位，加總

後一共是 29.276 個單位（總購買單位數），然後一共投入「10 元 ×10 次」也就是 100 元。」

「我們計算一下，100 元 ÷29.276 個單位＝ 3.415 元，也就是說，只要此標的回到 3.415 元，此筆投資就回本了，並不需要回到中位數 5 元！」

當分批布局的成本不斷降低的同時，投資效益也會發揮到最大。該篇文章回溯美國史上最嚴峻的 1 次衰退──經濟大恐慌（詳見圖 4）。

長達近 4 年的深度衰退，搭配指數跌到僅餘 1/10 的慘劇；若從 1931 年 2 月開始定期定額（指數位置為 189.66 點），每月投入 100 美元，為期 3 年共投入 3,600 美元，最終會有什麼樣的成果呢？

假設指數位置即為 ETF 的淨值單位（指數 100 ＝ 100 美元），那麼 3 年來一共會買入 44.97 個單位，每單位購買成本平均為 80.05 元。

我們就來檢視一下，投資 3 年報酬率為多少呢？ 1934 年 1 月平均收盤價為 107.22 元（遠低於扣款初期的 189.66 元），3 年來的報酬率約為 34%，換算年均報酬率超過 10%！別忘了，這可是史上之最的經濟大恐慌！在如此慘烈的衰退泥淖裡，堅持逢低布局，還是可以獲得如此驚人的投資報酬

圖4 美股於經濟大恐慌期間慘跌近9成
──美國道瓊工業平均指數走勢圖

1929年～1933年為美國史上著名的經濟大恐慌，道瓊工業平均指數從380.33點最低跌至約42.84點，跌幅將近9成，指數最低點僅剩指數崩跌前高點的1/10左右

註：1.資料統計時間為1926.06～1940.12；2.灰底為景氣衰退期間　　資料來源：Macrotrends

率。因此，當未來衰退再次降臨時，一定要謹記這樣的原則──分批布局，把氣拉長，時間就是你最佳的朋友，把握難得「人棄我取」的大好良機！

美元》避險心態推升美元升值，衰退期可考慮持有

美元的強弱大週期循環，和1-2所提到的「生產力」及「通膨」擴張循環息

息相關。當美國經濟進入生產力擴張循環時，由於技術革新是美國的強項，此時美元會呈現長期多頭的架構，例如 1980 年代與 1990 年代，以及過去近 10 年（2009 年～ 2019 年）。

相反地，當美國進入通膨擴張循環時，由於通膨的成形，本身就意味著美元實質購買力的降低；加上原物料生產並非美國獨有的優勢，此時很多非美市場會吸引市場熱錢的進入，並逐漸出現非理性繁榮，進而推升匯價。因此，通膨週期內的美元，就會呈現盤整，或是下跌的空頭走勢。例如 1970 年代與 2002 年～ 2008 年。

然而，無論是身處哪個大循環週期裡，只要到了衰退期，美元走強是必然的（詳見圖 5），這主要還是跟市場的風險趨避心態有關。因此，持有大量美元資產，在衰退期裡是保全資產的必要手段。至於美元資產要持有到何種時候呢？那就要看接續的週期為生產力增長循環，或是通膨增長循環。若為前者，則衰退過後的回落，仍是長線的理想布局良機；而若為後者，則務必在走出衰退期的同時，降低美元資產比重，適度轉持其他貨幣。

2020 年宜布局債券及美元資產，準備迎接衰退期到來

第 6 課將回顧過往，並前瞻未來趨勢動向。2021 年之後，我們將逐漸進入

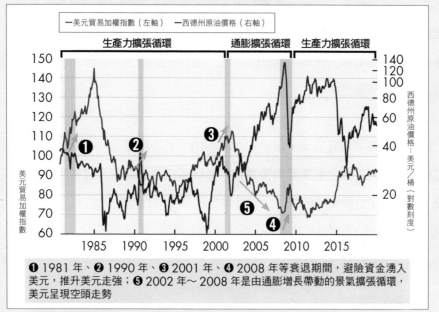

圖5 **景氣衰退期間，美元升值是常態**
——美元貿易加權指數與西德州原油價格變化

— 美元貿易加權指數（左軸）　— 西德州原油價格（右軸）

生產力擴張循環　　　　　　通膨擴張循環　生產力擴張循環

❶ 1981 年、❷ 1990 年、❸ 2001 年、❹ 2008 年等衰退期間，避險資金湧入美元，推升美元走強；❺ 2002 年～ 2008 年是由通膨增長帶動的景氣擴張循環，美元呈現空頭走勢

註：1.「美元貿易加權指數」資料統計時間為1981.01.02～2019.11.15、指數以1973年為基期，基期指數＝100）；2.「西德州原油價格」資料統計時間為1981.01～2019.10；3.灰底為景氣衰退期間
資料來源：聖路易聯邦儲備銀行（fred.stlouisfed.org/graph/?g=pxUr）

新一輪的衰退期。

　　因此，股市在 2020 年寫下本波大多頭最高點後，將進入盤頭格局；在這樣的情況下，一方面要緊抓多頭的尾巴持續獲利，但也必須在轉折到來前做好避

險準備。

在大衰退來臨前，無風險債市有很大機率在 2020 年因為通膨捲土重來，而出現好的長多布局契機。而通膨伴隨著聯準會的擴表（政府增持債券，擴大資產負債表的規模），高處不勝寒的美元，也有可能於 2020 年順勢滑落，同樣是好的長線布局機會。

總之，只要能擬好對策，衰退期並不可怕！最後請謹記──**榮景期賺錢固然可喜，但如何不在衰退來臨時受重傷，並保留能在衰退期大肆布局的能力，是接下來這幾年更重要的事情！**「勿恃敵之不來，恃吾有以待之。」共勉之！

展望未來》
前瞻下一個
景氣循環

6-1 川普勠力4大關鍵 以求延續景氣榮景期

「我們不會失敗，我們的國家會再次繁榮！」（We will not fail. Our country will thrive and prosper again.）

——美國總統唐納·川普（Donald Trump），2017 年 1 月 20 日就職演說

在我的第 2 本著作《道瓊 3 萬點：你不可錯過的世紀大行情》中，我們曾提到「時勢造英雄」。危機是考驗，同時也是留給每位美國總統千載難逢的歷史機遇，千古留名！

當時，甫經過金融海嘯重創，危機四伏的美國經濟，給予歐巴馬（Barack Obama，總統任期為 2009 年 1 月 20 日～ 2017 年 1 月 20 日）極大的挑戰。但也就是這樣難得的機遇，讓歐巴馬在任內，除了完成如「歐巴馬健保」這樣的歷史性政績（Obamacare，全名為《患者保護與平價醫療法案》（Patient

Protection and Affordable Care Act），於 2010 年 3 月 23 日實施，要求美國公民皆須投保醫療保險，且保險公司不得拒保，同時也降低醫療補助保險計畫的收入門檻，此法讓更多美國公民享有醫療保險補助，被視為美國近代重大的醫療改革方案）。更重要的是，順利讓美國經濟走出衰退，並開創美國史上次長的景氣擴張期。

這是歐巴馬的歷史定位。那麼川普呢？

川普上台時，美國經濟面臨 3 大難題

川普上台時（總統任期始於 2017 年 1 月 20 日），面對經濟的長期擴張逐漸走至尾聲、股市和風險資產都處於相對較高的位置、就業市場逼近充分就業、通膨開始揚升，企業盈利攀至頂峰後開始下滑（2015 年～ 2016 年）。此外，若更細部一點來看，美國經濟雖看似繁榮，卻出現相當多的結構性「病徵」，其中最為嚴峻的主要有 3 項：

難題1》美國政府赤字為歷史新高且難以解決

美國的政府赤字和債務處於歷史新高，而且出現的是難以解決的結構性問題（例如暴增的赤字，主因是人口老化、嬰兒潮退休後的醫療保險和社會保險支出大幅增加所致）。

難題2》美國貿易赤字處於歷史高峰且產業外移嚴重

美國的貿易赤字（即貿易逆差，出口總額低於進口總額）處於高峰，其中對於中國的赤字不斷刷新歷史新高。由於製造業大幅外流影響，雖然就業市場暢旺，但是製造業就業人數不增反減，美國工業「空洞化」情況嚴峻，並因此壓低勞動生產力，進而約制潛在 GDP（Real Potential Gross Domestic Product）增長水準。產業外移的結果，更讓美國的投資機會和海外相比相形見絀，這也導致美國企業雖然積累前所未有的現金儲備，卻儲存在海外，而未回流美國。

難題3》美國時薪增長不若以往，貧富差異益加明顯

美國就業市場雖然暢旺，但時薪年增率始終無法回復至以往的 3% 增長水準。家庭收入和財富雖然快速回升，但分配問題無解，貧富差距更形擴大，導致歐巴馬任內出現如「占領華爾街」（Occupy Wall Street，2011 年 9 月發生在紐約金融地標華爾街的示威行動，以「我們是那 99% 的人」（We are the 99%.）為口號，對於美國富人愈富、窮者愈窮的金融制度表達不滿）等怒吼情況層出不窮。

2017 年川普就任，美國景氣循環正邁入榮景期

話雖如此，歐巴馬帶領美國經濟從衰退、走到復甦、再經歷綿長的穩定成長期，是不爭的事實。到了川普上台前夕，由於透支消費型態逐漸成形，以及隨

之而來的民間投資熱潮蓄勢待發，整體景氣循環已準備向榮景期叩關了。

歐巴馬任內的經濟成就，仍是卓越非凡的。在確實把握景氣循環的週期脈動後，我於 2016 年 9 月在「智富專欄（10 月號）網誌版」發表〈把握升息和總統大選紛擾下的美股長期投資良機〉，提醒大家無論誰上台，都不影響美國最後的股市榮景到來。而隨著總統大選塵埃落定，川普上台，我再度於「智富專欄（12 月號）網誌版」發表〈川普時代來臨，準備好迎接「成長」和「通膨」年代〉。

歷史經驗中，榮景期的持續時間通常不會太長，前任打下的經濟增長基礎，到了川普上台時，如何延續其祚命，變成一大難題。更為不利的是，和歐巴馬任內全球貨幣極端寬鬆情況相左，此時（2017 年）美國聯邦準備理事會（The Federal Reserve System，Fed，以下簡稱聯準會）已準備開展連串的升息和縮表循環，而其他主要央行的寬鬆進程也到了收手的時候。

也就是說，打著「讓美國再次偉大」（Make America Great Again.）口號，特別是強調要讓經濟重回 3% 增長榮景的川普，要完成他所承諾的願景，真可謂「不可能的任務」。

然而，川普也深知，若是未來這 4 年美國經濟由盛轉疲，甚至股市若再度重

演如 2000 年、2008 年的大崩盤，那麼他要想連任下一屆總統大位，無異緣木求魚。因此，川普需要全新的思維，「延長」此波景氣擴張循環週期，無論有多麼困難。

2017 年川普實施減稅，維持民間消費和投資動能不墜

美國經濟要持續擴張，必須有效提振民間消費與投資的動能。

美國在 2016 年～ 2017 年間，也就是川普上台的前 1 年，受惠於景氣長期擴張、資本市場榮景、就業市場強勁與低油價的助攻下，出現睽違多時的「透支消費」情況，且為期長達超過 1 年。

若參考前次歷史經驗（2006 年～ 2008 年），就可以得知，當透支消費成形後，於稍後的時間會點燃民間投資的熱潮，並將整體景氣熱度和樂觀度推升至最高點，但隨後就會逐漸降溫，結束榮景期並開啟景氣循環的向下轉折（詳見圖 1）。

因此，川普必須要在透支消費的隔年，找到更強的維繫民間消費和投資動能的利器。剛好，2016 年大選順利奪得參議院及眾議院兩院優勢，協助其順利通過《減稅與就業法案》（Tax Cuts and Jobs Act of 2017）。

2019年美國民間消費及投資仍維持成長動能
——美國民間固定資本投資、個人所得與消費支出年增率變化

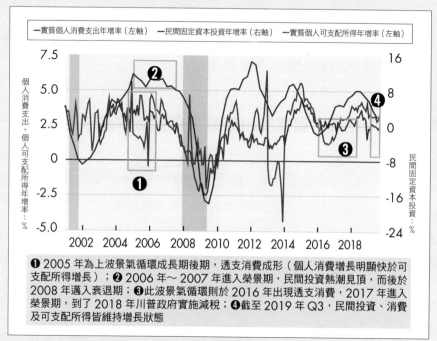

❶ 2005年為上波景氣循環成長期後期，透支消費成形（個人消費增長明顯快於可支配所得增長）；❷ 2006年～2007年進入榮景期，民間投資熱潮見頂，而後於2008年邁入衰退期；❸此波景氣循環則於2016年出現透支消費，2017年進入榮景期，到了2018年川普政府實施減稅；❹截至2019年Q3，民間投資、消費及可支配所得皆維持增長狀態

註：1.資料統計時間起始自2001.01；2.「民間固定資本投資年增率」數據截至2019.07；3.「實質個人消費支出年增率」、「實質個人可支配所得年增率」數據截至2019.09；4.灰底為景氣衰退期間
資料來源：聖路易聯邦儲備銀行（fred.stlouisfed.org/graph/?g=pyCq）

這項於2017年11月簽署、2018年1月生效的法案，順利維繫美國民間消費的動能。即使2018年內有聯準會連番升息、外有大打貿易戰的雙重衝擊下，都沒有如2006年過後逐漸顯露出下滑的情勢；整體民間實質消費年增率

始終維持在 2.5% 左右的水準，整體成長的趨勢甚至進入到 2019 年都還未顯疲態。

可以說，美國使出「減稅」手段，不但順利延後透支消費過後的撙節期到來，也一定程度拉動固定資本投資，使其維持高檔。

榮景期尚未結束，景氣於川普第 1 任期後半期攀至顛峰

2018 年第 3 季，美國終於順利重回 3% 增長（YOY 年增率 3%，季增年率為 2.9%），整體經濟循環的週期已墊高、減稅效應逐漸遞減，加上久違的消費撙節也將早晚出現。但是，距離下屆總統大選還有 2 年之遙，因此，川普必須要讓這個榮景繼續延續下去。該怎麼做呢？答案是，他必須找到減稅之後，新一輪的經濟增長動能。這裡應掌握 3 個重點，看似簡單，卻並非那麼容易：

重點1》讓民間消費減速不致太快

民間消費動能主要取決於就業市場和消費者信心。以 2019 年而言，就業市場幾乎已達充分就業的極限、消費者信心也處於 2000 年以來的新高水位。

重點2》必須加大民間投資的貢獻力道

民間投資在減稅後獲利達高峰，但是在高基期的情況下，要再有更亮眼的表

現也不是那麼容易。

重點3》從GDP項目中找尋突破點

GDP 項目當中，能夠著力的只剩下「政府支出」和「進出口」。前者在目前美國國債屢破債務上限，以及國會深陷對立態勢明顯的情況下，幾乎無法有任何突破。「進出口」項目雖然在 2018 年超高基期之下有突破的機會，但隨著海外經濟體走弱、和貿易爭端未解的情況之下，也顯得欲振乏力。

在這樣的困境之下，賓州大學華頓商學院經濟系畢業的川普，繼減稅和放鬆監管之後，找到 4 個重要關鍵點，來延續當前的景氣榮景：

關鍵 1》壓低油價以刺激民間內需動能

在本書第 2 課（復甦期）和第 4 課（榮景期），曾提過油價漲跌對於景氣動能產生的威力。2017 年初川普剛上台時，低迷近 2 年的油價，剛好成為低基期下的景氣擴張催化劑，實質個人消費支出年增率維持相當好的增長動能。

到了 2018 年，美國油價已經重回新一輪的牛市循環了。受惠於減稅案的刺激，美國整體內需動能並沒有受到太大的影響；然而，火熱的經濟，還是讓油價節節攀升，若不加以節制，漲幅過快過大，極有可能傷害內需增長動能。

從 2018 年中之後，就可以看到川普對外施展極大的心力，威脅利誘石油輸出國組織（Organization of the Petroleum Exporting Countries，簡稱 OPEC）維持寬鬆的供給、不可過度操縱油價。對內則是釋出戰略原油以平抑油價，希望讓原油價格漲勢緩下來，甚至回落。

這樣的努力，終於在 2018 年第 3 季後收到效果（約略在美國標售戰略儲油之後），油價出現顯著的回落修正走勢，並持續至 2018 年底（詳見圖 2）。

油價此次的回調整理，可說是及時雨，讓美國內需和產業界在減稅效應遞減後，能享受另一次的小型「實質減稅」，蓄積 2019 年增長動能。

關鍵 2》簽訂貿易協定提振美國投資信心

景氣循環後期景氣熱度的延續，除了仰賴消費動能的不墜，更重要的是一定要炒熱民間投資。說穿了，民間投資的熱度和企業投資信心關聯性最大，不過信心這種東西捉摸難定。

民間投資信心的量測指標分為總體經濟和資本市場 2 個面向。在總體經濟指標方面，可參考 ISM 採購經理人指數、GDP 增速、消費者信心等；資本市場指標方面，則要留意利率、股市指數等。當這些指標都處於良好的位置時，通

 油價下跌有利維持民間消費動能
圖2 ——美國原油價格與個人消費支出年增率變化

❶低油價與民間消費呈反向關係;❷ 2018 年油價一度走入上漲趨勢,年中之後油價下跌,成功使民間消費動能不墜

註:1.「西德州原油價格」資料統計時間為1988.01.04～2019.11.12;2.「實質個人消費支出年增率」資料統計時間為1988.Q1～2019.Q3;3.灰底為景氣衰退期間
資料來源:聖路易聯邦儲備銀行(fred.stlouisfed.org/graph/?g=pyCt)

常企業也較願意進行投資。而隨著減稅效應逐漸遞減,川普必須找到新的誘因來化解投資信心滑落的問題。

他找到的良藥,除了維繫民間消費動能外,就是盡速和所有的主要貿易對象達成新一輪的貿易協議。2018 年美國經濟隨著減稅案發威,讓大打貿易戰的

美國迥異於其他非美市場,幾乎不受影響。

　　而到了 2019 年,情勢有所轉變,美國必須想辦法化解貿易戰,來提振投資信心。隨著美國逐步完成與南韓、北美、中國、歐洲和日本的雙邊貿易和解,不但可化解市場的疑慮,扭轉收縮的國際貿易;且會讓之前暫緩的投資,回過頭來變成有加速執行趕上的壓力,並譜出最後的民間投資熱潮。

關鍵 3》放緩貨幣緊縮循環以支撐經濟

　　從過往景氣循環來看,景氣擴張循環最終總是伴隨著升息循環而結束。隨著不斷加息,整體社會貸款的總量增長會開始見頂走緩、反轉向下(詳見圖 3)。與此同時,原先隨著景氣熱絡不斷改善的債務違約率,則會在觸底後的拐點反轉向上,從此一去不回頭,直到進入衰退期。

　　此次美國的升息循環,和過去幾次的升息循環相比,利率水平位置雖然不算特別高,然而對於壓制整體放貸市場的壓力已經顯著浮現。進入 2018 年之後,整體銀行放貸的增長已顯著放緩。

　　此外,市場違約率雖仍處於低檔,但由於違約率已處於極低水準,加上根據歷史經驗,違約率只要一反轉就難以扭轉。因此川普若想將景氣擴張延伸至總

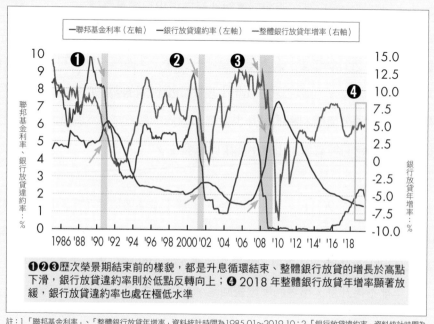

圖3 **升息循環末期，整體貸款動能開始見頂走緩**
——美國聯邦基金利率、銀行放貸年增率與違約率變化

❶❷❸歷次榮景期結束前的樣貌，都是升息循環結束、整體銀行放貸的增長於高點下滑，銀行放貸違約率則於低點反轉向上；❹ 2018 年整體銀行放貸年增率顯著放緩，銀行放貸違約率也處在極低水準

註：1.「聯邦基金利率」、「整體銀行放貸年增率」資料統計時間為1985.01～2019.10；2.「銀行放貸違約率」資料統計時間為1985.Q1～2019.Q3；3.灰底為景氣衰退期間
資料來源：聖路易聯邦儲備銀行（fred.stlouisfed.org/graph/?g=nEI6）

統大選年，他就必須千方百計阻止這樣的情事發生。

　　整體放貸市場活力下滑，最重要的原因就是聯邦基金利率動向，會牽動其餘的利率市場變化，例如美國 10 年期公債殖利率和房貸利率（詳見圖4）。

當利率不斷上揚的同時，企業和個人的借貸活動意願就會大幅降低，最終拖累該部門的增長火力。2018 年民間投資非房地產部門，雖然受惠減稅出現強勁增長，但利率大幅走高，明顯就讓房地產市場出現顯著降溫。

　　因此，進入 2019 年後，若利率持續爬升的情況不改變，極有可能連產業部門增長動能也告熄火，並在 2020 年出現民間投資潮的徹底反轉。除了民間投資層面外，美國公債殖利率的攀升也會增加政府的融資成本、惡化財政，更加限縮川普的供給面經濟學，川普不能讓此事發生。

　　這也是為什麼從 2018 年下半年開始，川普不惜撕毀以往不干涉聯準會決策的慣例，出手要求聯準會必須停止升息、縮表，甚至該考慮降息。最後，聯準會終於在 2019 年初決定大幅放緩緊縮步調，不但明確訂出縮表退場時程，也強調全年都不再升息，市場利率應聲回落。

　　不要小看這個舉措！隨著整體利率市場的下滑，美國房地產和民間投資部門，就能在 2019 年得到喘息，不再有緊箍咒套在頭上。而觀察美國新屋開工年增率、營建許可年增率、實質民間固定資本支出年增率這 3 個指標，可以發現美國房地產和民間投資，顯著於 2019 年得到良好的發展（詳見圖 5）。

　　而較低的融資成本，也有助政府財政不要進一步惡化。隨著貨幣寬鬆進程進

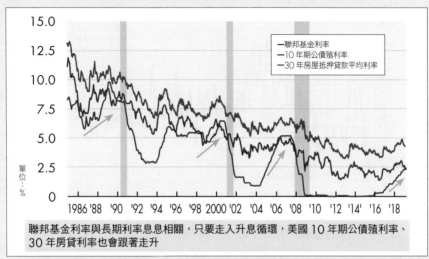

 圖 4 **聯準會升息連帶提升長期公債殖利率與房貸利率**
——美國聯邦基金利率與長期公債殖利率、房貸利率變化

聯邦基金利率與長期利率息息相關,只要走入升息循環,美國 10 年期公債殖利率、30 年房貸利率也會跟著走升

註:1.「聯邦基金利率」資料統計時間為1985.01～2019.10;2.「10 年期公債殖利率」資料統計時間為1985.01.02～2019.11.18;3.「30 年房屋抵押貸款平均利率」為1985.01.04～2019.11.14;4.灰底為景氣衰退期間
資料來源:聖路易聯邦儲備銀行(fred.stlouisfed.org/graph/?g=nElp)

一步深化(2019 年進行 3 次降息、擴大資產負債表),將能有效協助川普將景氣榮景推進至 2020 年總統大選年,甚至更久的未來。

關鍵 4》改善貿易逆差有助增加經濟增長

川普繼續強調公平經濟是有其意圖的。部分製造業回流,固然有助於本土產

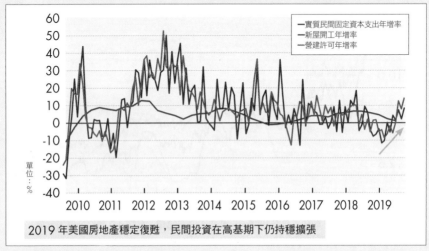

美國房地產和民間投資於2019年穩定擴張
圖5 ——美國新屋開工、營建許可與實質民間固定資本支出年增率變化

2019 年美國房地產穩定復甦，民間投資在高基期下仍持穩擴張

註：1.「實質民間固定資本支出年增率」資料統計時間為2009.Q4～2019.Q3；2.「新屋開工年增率」、「營建許可年增率」資料統計時間為2009.10～2019.10
資料來源：聖路易聯邦儲備銀行（fred.stlouisfed.org/graph/?g=pzrw）

值的擴張，但其實光是改善貿易逆差本身，哪怕幅度多小，也能對經濟增長提供助益。從歷史經驗來看，美國經濟的榮景，帶來的龐大負作用就是貿易逆差的大幅增加。而過度透支自身消費力的同時，其實早已埋下未來衰退的苦果。

而從川普就任總統以來，類似的歷史經驗似乎又要重演。他主政的前 10 個完整季度裡，在已經相當低的比較基期之下，竟有 6 季淨出口對 GDP 產生負

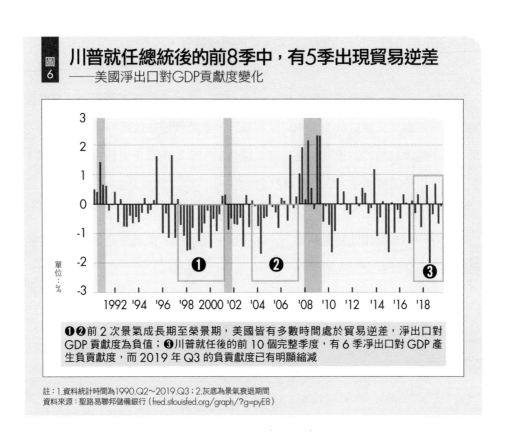

圖 6 川普就任總統後的前8季中,有5季出現貿易逆差
——美國淨出口對GDP貢獻度變化

❶❷前 2 次景氣成長期至榮景期,美國皆有多數時間處於貿易逆差,淨出口對 GDP 貢獻度為負值;**❸**川普就任後的前 10 個完整季度,有 6 季淨出口對 GDP 產生負貢獻度,而 2019 年 Q3 的負貢獻度已有明顯縮減

註:1.資料統計時間為1990.Q2~2019.Q3;2.灰底為景氣衰退期間
資料來源:聖路易聯邦儲備銀行(fred.stlouisfed.org/graph/?g=pyE8)

貢獻度(詳見圖6)。若繼續下去,重蹈覆轍的機率很高。

　　因此,在這波榮景期中,川普選擇著手處理公平貿易的問題,期望能夠一定程度改善貿易逆差,讓國際收支帳上的過度消費不要發酵的太嚴重。而由於美國目前貿易赤字已處於幾乎歷史最嚴重的情況,因此任何程度的收斂,都能反

映在 GDP 的增長上，一定程度協助景氣的持續擴張。

　簡單説，油價、貿易協議與結構，以及利率，這些是影響美國能否延長榮景期的重要關鍵。只要這些要項能夠順利執行，景氣就能有效延伸至少 1 年～ 2 年，不但能讓起始於歐巴馬時期的景氣擴張期，成為美國史上最長的擴張期，更有助於川普順利連任，取得重要歷史地位。

　而就在一切看似如此完美的當下，為什麼，榮景的結束仍然是必然會發生的事情呢？6-2 就要來深入説明！

基本面危機＋政治變數
景氣從絢爛走向黑暗

「唯有潮水退去，才會知道誰在裸泳。」（Only when the tide goes out do you discover who's been swimming naked.）

——華倫・巴菲特（Warren Buffett）

唐納・川普（Donald Trump）時代的經濟榮景，能夠持續到什麼時候呢？沒有永久的榮景，景氣循環的遞嬗是自然的定律。

2020 年，美中貿易戰於進入總統大選年轉趨緩和、總經數據和財報基期走低帶動的數據回升、美國聯邦準備理事會（The Federal Reserve System，Fed，以下簡稱聯準會）降息和擴大資產負債表、通膨回升帶動的消費和投資動能，以及股房市榮景帶動的財富效應。這些榮景的表徵在 2020 年攀至顛峰後，卻很難在 2021 年之後繼續延續，主因還是在於總體經濟結構弱化的機率

大幅升高,體現在 4 大基本面的危機,將會全面發酵:

危機 1》榮景期後期通膨再升溫,產生經濟與貨幣決策困局

　　榮景期進入中期後,由於緊縮效應發揮至極致,往往導致美元呈現強勢、通膨受到壓抑、原物料價格不振;同時,貨幣升息循環開始造成實體經濟的衝擊。因為擔憂景氣就此轉向,聯準會將會開始調整緊縮的進程——可能暫緩甚至轉向。此時,猛虎出柙的通膨巨獸,往往會在低基期的加持下,一發不可收拾。

　　在過去 3 次景氣循環過程中,榮景期中期的通膨低迷情勢,隨即會在榮景期尾聲大幅飆升,這也是景氣轉折向下的關鍵因子(詳見圖 1)。

　　景氣擴張期末端的通膨升溫,會讓總體經濟和貨幣決策陷入困境。在充分就業和景氣逐漸趨緩的環境下,短期通膨的快速拉升,會侵蝕實質民間消費和投資動能,這 2 大成長引擎一旦受影響走疲,極容易導致景氣擴張的「失速」。麻煩的是,聯準會此時會陷入動輒得咎的決策難題:若積極處理通膨問題(例如 1999 年再度重啟升息),雖可壓制通膨,但是最終也一併導致消費和投資急凍,造成景氣反轉。

　　但若是選擇保全經濟增長,忽視通膨呢?下場也不會好到哪去(例如 2007

榮景期尾聲進入衰退期前，通膨總是再度升溫
——美國生產者、消費者物價指數年增率與基準利率變化

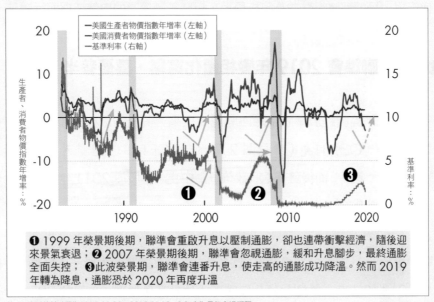

❶ 1999 年榮景後期，聯準會重啟升息以壓制通膨，卻也連帶衝擊經濟，隨後迎來景氣衰退；**❷** 2007 年榮景後期，聯準會忽視通膨，緩和升息腳步，最終通膨全面失控；**❸** 此波榮景期，聯準會連番升息，使走高的通膨成功降溫。然而 2019 年轉為降息，通膨恐於 2020 年再度升溫。

註：1.資料統計時間為1982.01.02～2019.11.19；2.灰底為景氣衰退期間
資料來源：財經M平方

年），最終就是導致通膨的全面失控，最終同樣嚴重傷害消費和投資動能，造成景氣反轉。

本次景氣循環於 2017 年邁入榮景期，由於聯準會於 2017 年～ 2018 年強力升息後導致美元勁揚、油價大跌，無論是生產者或消費者物價指數年增率，

都在 2019 年出現明顯滑落。然而，隨著聯準會的中期調整降息、景氣回溫與基期走低之故，通膨在 2020 年捲土重來幾乎是確定的事情。屆時聯準會無論如何應對，恐怕都將很難在長線格局上，扭轉美國經濟的自然週期下行調整。

危機 2》聯準會 2019 年變相量化寬鬆，喜憂參半

從 2009 年美國經濟擺脫金融海嘯泥淖以來，美股的漲勢都和重要的貨幣和財政寬鬆（QE）有關（詳見圖 2）。例如 QE1 和 QE2 推升 2009 年～2011 年的大多頭，而後隨著 QE 政策逐漸中止，美股於 2011 年～ 2012 年就出現巨幅震盪走勢。

聯準會於 2012 年 9 月繼續推出 QE3，美股又飆升一大段。再隨著 QE 政策於 2014 年結束，並於 2015 年底正式啟動升息循環，美股於 2015 年～2016 年又再度陷入區間震盪格局。

而後，聯準會雖然續行緊縮步調，但是川普於 2017 年上台之後，開始進行大規模減稅案的規畫執行，最終於 2018 年實現。財政面大舉寬鬆，再度造就美股新一輪的跳階大漲。

最後，當減稅效應逐漸遞減，加上聯準會於進入 2018 年後加速升息與啟動

圖2 美國擴大資產負債表規模，成為股市上漲重要力量
——美國聯準會資產負債表規模相關數據與S&P 500指數變化

- 聯準會資產負債表規模總額（左軸）
- 聯準會資產負債表規模／美國GDP（右軸）
- S&P 500 指數（右軸）

寬鬆的貨幣環境帶動美股大漲，包括❶ 2008 年 11 月～ 2011 年 6 月實施 QE1、QE2、❷ 2012 年 9 月中旬推出 QE3、❸ 2017 ～ 2018 年川普積極促成財政寬鬆環境等；緊縮的貨幣環境易使美股陷入盤整格局，包括❹ 2011 年 6 月 QE2 告終之後、❺ 2015 年底進入升息循環，以及❻ 2018 年加速升息且啟動縮表等；❼隨著 2019 年 10 月聯準會重啟擴表，美股將再次迎來大漲行情

註：1.資料統計時間起始自2003.01；2.「聯準會資產負債表規模總額」、「S&P 500指數」數據截至2019.11.13；3.「聯準會資產負債表規模／美國GDP」數據截至2019.07；4.灰底為景氣衰退期間
資料來源：財經M平方

縮表，2018 年～ 2019 年的美股，再度呈現巨幅區間震盪整理格局。

　　進入 2019 年後，隨著景氣動能趨緩和市場波動性的擴大，聯準會於年中開始啟動利率政策的中期調整，從 2019 年 7 月～ 10 月，一共降息 3 碼。不僅

如此，聯準會還取消縮表，並於同年 10 月中旬再度啟動每月 600 億美元的購債計畫（預定至 2020 年第 2 季），堪稱變相的新一輪量化貨幣寬鬆計畫，也勢必推升總體經濟和資本市場再創顛峰。

可以預期，2019 年～ 2020 年的美國股市可望再次演出金融海嘯以來第 4 波跳階大漲，高點將如同我在《道瓊 3 萬點：你不可錯過的世紀大行情》書中所述，漲至難以想像的位置，道瓊工業平均指數 3 萬點恐怕是低標，而非高標。

然而，推升 2020 年美股行情的重大貨幣寬鬆環境，到了 2021 年之後將難以維繫。聯準會新一輪的購債計畫若按表操課，到了 2020 年下半年就會讓資產負債表再度逼近歷史新高；屆時若景氣動能維持正向，資本市場處於高點，購債計畫將會中止。

若再考量屆時通膨有很大機率顯著竄高，聯準會將面臨是否重啟升息的討論。景氣尾端時，聯準會一旦再次緊縮，往往就是壓垮駱駝的最後 1 根稻草。

危機 3》2021 年後民間消費動能將進入結構性轉弱時期

過去我們常強調一句話，無論聯準會政策為何、貿易戰怎麼打、財政政策如何多變，只要美國經濟有本事能夠維持強勁擴張，那麼美股縱然短線出現震盪，

長線還是會回到大多頭格局來。

然而，其中根本關鍵是美國經濟必須維持良好的增長動能；而其中的核心動能當然在於民間消費。到了 2021 年後，美國的內需動能極有可能出現較大的走疲，而這主要是受到整整一世代人背負「學貸」的影響。學貸問題幾年來始終是市場的聚焦重心。一般認為，龐大的學貸勢必會讓美國經濟付出代價。但幾年過去了，美國經濟和內需動能強勁依舊，絲毫看不到學貸占 GDP 比重大幅飆高後的衝擊（詳見圖 3）。其實並不是沒有影響，而是時間點尚未來到。

2008年～2019年，學貸世代尚未成為民間消費主力

怎麼說呢？從數據來看，美國學貸占 GDP 比重大幅飆高，約莫出現在 10 年前（2008 年後），主要是因為民眾進修意願大增，以及學費漲幅加速所致。

若 2008 年是趨勢的起始年，那麼 10 年前開始增加的學貸需求，對象則是 20 歲左右的大學新鮮人。過去這 10 來年，此批「學貸世代」本來就不是總體經濟裡的重要內需貢獻構成要素。

關於這一點，可由美國勞工部（United States Department of Labor）於 2015 年發布的報告結果得知。此份報告內容為 2013 年統計數據，可以知道美國主要消費年齡層為 35 歲～ 44 歲及 45 歲～ 54 歲，這 2 個年齡層分別

 2008年起學貸逐年上升，民間消費動能未受影響
——美國學貸總額、大學學歷者失業率與實質個人消費支出年增率變化

學貸總額占 GDP 比值自 2008 年開始上升，卻未見個人消費支出動能受到影響

註：1.「學貸總額／GDP」資料統計時間為2006.Q1～2019.Q3；2.「大學學歷者失業率」資料統計時間為2006.01～2019.10；3.「實質個人消費支出年增率」資料統計時間為2006.01～2018.09；4.灰底為景氣衰退期間
資料來源：聖路易聯邦儲備銀行（fred.stlouisfed.org/graph/?g=pv25）

比 25 歲～ 34 歲年消費多了 22% 和 26%，更較 25 歲以下年齡層高了近 1 倍（詳見圖 4）！

換言之，學貸大增並沒有衝擊到過去 10 年來的最重要消費族群（35 歲以上族群，學貸負擔非常低）；甚至，美國高等教育和相關學貸產業蓬勃發展，可能還讓這些族群受益。

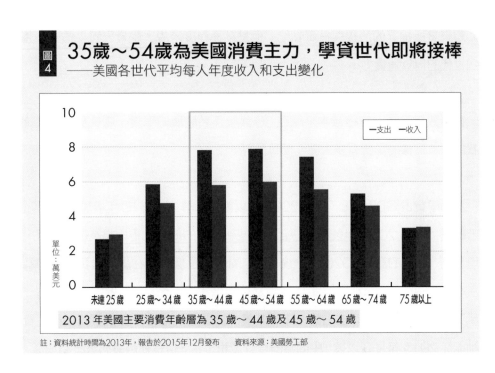

圖4 35歲～54歲為美國消費主力，學貸世代即將接棒
——美國各世代平均每人年度收入和支出變化

2013 年美國主要消費年齡層為 35 歲～ 44 歲及 45 歲～ 54 歲

註：資料統計時間為2013年，報告於2015年12月發布　　資料來源：美國勞工部

學貸族30歲後若無力消費，將導致美國內需動能衰減

　　這樣的情況在 2020 年之後會開始顯著改變，2008 年第 1 批背負大額學貸的年輕人即將要進入 30 歲大關，逐漸成為理應貢獻全社會內需動能主力的生力軍了。而原先的主力消費族群則逐漸進入退休年齡，整體消費力道將轉趨衰弱（55 歲之後每 10 年消費力遞減幅度，分別為 -7.7%、-16% 與 -26%）。

　　然而，邁入 30 歲的整個世代，都扛負著龐大的學貸重擔。由於美國經濟很

仰賴借貸所提昇的消費與投資動能，但是某種程度來說，學貸已經「透支」整個世代的借貸消費力。

排擠效應下，必定縮減本來應在 30 歲後蓬勃發展的車貸、房貸及消費性貸款能力。這樣的影響有多大呢？簡單計算一下：

美國學貸占 GDP 比重，相較 2008 年以前的水準，過去 10 年增加超過 4%，若假設情況於 2019 年後不再惡化，這些新增加的債務比重則視為透支消費，均攤到 10 年的話，2020 年之後 10 年間可能拉低的潛在經濟增長動能約為 0.4% 左右的水準。亦即從金融海嘯之後年增率 2% ～ 2.5% 區間，可能進一步下修至 1.5% ～ 2% 左右的水準。其實，由圖 3 可看出，美國實質民間消費動能從 2015 年見高以後，中間雖一度受減稅拉抬，但長期趨緩態勢已然成形。

更糟的是，這樣的情況很有可能會因為 2021 年之後的景氣週期自然走疲而加劇，主因在於目前大學畢業者失業率，幾乎處於歷史最低水位（僅 2% 左右）。

而當景氣進入下行軌道，失業率開始上揚，會進一步導致這些大學畢業的就業者壓力更大，債務違約率增加，並進一步壓制其消費和投資能力。而當學貸違約率開始顯著爬升時，就容易造成總體經濟和整體金融環境的連鎖效應，並將景氣打入衰退。

危機 4》資本市場過度投資與追捧

最後 1 項基本面危機,在於資本市場已逐漸出現難以控制的泡沫水分了。根據《CNBC》於 2019 年 9 月 18 日的報導,投資銀行高盛(Goldman Sachs)的報告顯示,截至 2019 年 9 月中旬,該年 IPO(首次公開募股)的新公司竟然只有 24% 出現盈利,這已低於 1999 年的 28%,僅略高於 2000 年的 21%,而後者正是史上最大的科技股泡沫的那一年。

市場瘋狂追逐尚未盈利的獨角獸,動輒擁有數百億美金的高估值,和當年的網際網路泡沫如出一轍;搭配居高不下的市場本益比,都可以看出美國股市的泡沫正不斷膨脹中(詳見圖 5)。

當景氣尚未向下轉折,股市泡沫雖危險,卻也不容易瓦解。因為市場的樂觀氣氛將有效鞏固每一次的下檔支撐,並在情況好轉時吹得更大。

可是,若景氣反轉,將如同退去的潮水,難以掩蓋這些眾多毫無獲利能力的問題公司。屆時,就會有相當多的公司如同未穿褲子的游泳者,遭市場無情淘汰。而下一波循環能脫穎而出的公司,必然是能夠撐過這次重大清洗的佼佼者,如同微軟(Microsoft)、高通(Qualcomm)和亞馬遜(Amazon)皆順利通過網路科技泡沫的試煉,成為近 20 年科技產業發展的核心參與者。

當泡沫的水分愈大，修正的力道也會愈強。資本市場下跌的衝擊，將擴大市場悲觀情緒的瀰漫。2021 年後，資本市場發展可能從協助經濟增長（財富效應）的幫手變成兇手，在低迷的市況下補上一腳，進一步壓制民眾消費和企業投資信心。

美國政治面變數，2021 年後將迎來巨變

上述的 4 大危機，都不容易化解。不僅如此，2021 年後，美國於政治層面可能會迎來更大的巨變。如大家所知，2020 年最重大的事件，就是美國即將進行總統大選。大選對於市場的影響，在很多時候都是被過度誇大的，例如在2012 年和 2016 年大選，市場都有很多不同的揣測，例如誰當選較有利於股市，或是聲稱誰當選會使市場崩盤等。當時我曾撰文表示，無論誰上台，美股和美國經濟強力擴張的格局都不會改變。

這次美國總統大選則是相反的狀況，無論此次是由共和黨的川普連任，或是民主黨的挑戰者上位，對於美國經濟和股市都會帶來一定程度的負面衝擊。

狀況 1》川普連任恐重啟貿易戰，衝擊經濟及資本市場

先論川普，如大家所知，川普上台後最重要的影響就是──美中貿易戰火重

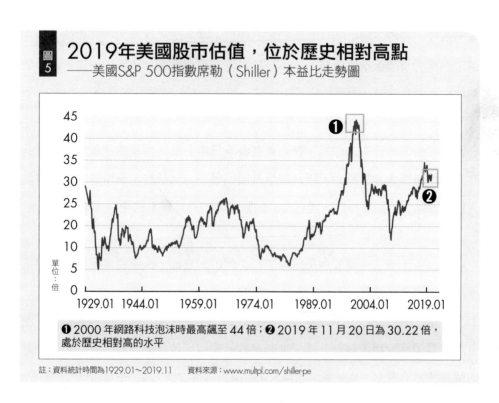

圖5 **2019年美國股市估值，位於歷史相對高點**
——美國S&P 500指數席勒（Shiller）本益比走勢圖

❶ 2000 年網路科技泡沫時最高飆至 44 倍；❷ 2019 年 11 月 20 日為 30.22 倍，處於歷史相對高的水平

註：資料統計時間為1929.01～2019.11　　資料來源：www.multpl.com/shiller-pe

啟，將有極高機率發生。回顧美中貿易戰端，最重要的主軸就是雙方必須捍衛總體經濟的主導權；這個主導權，除了有經濟總量（亦即 GDP（國內生產總值））的較勁外，更深層的意義是當前國際金融和經濟體系的鞏固。

在總量的較勁方面，當 1980 年代前蘇聯經濟總量逼近美國的 50%，以及日本總量來到美國的 70% 時，美國對這 2 國發動大規模的經濟戰，不同的對

象，美國也採行不同做法。其中的差別關鍵，在於美國在意的並非是總量的超越，而是必須確保新興的勢力，不至於影響既有以美國、美元所架構的國際貿易和金融體系。若此體系能夠得到維繫，那麼總量的問題就不是那麼重要。

因此，美國對日本的作為，就聚焦在要求日本必須大規模的開放市場，並促升其貨幣來擴大其購買力、以及降低其出口競爭力。最終，日本選擇進一步融入以美國為首的國際秩序，並在之後的數十年成為此體系的重要捍衛者迄今。

蘇聯就不一樣了。蘇聯幾乎是尋求以美國的對立面，來架構其足以取代美國秩序的國際政經體系。因此，當時的總統雷根（Ronald Wilson Reagan，任期1981 年 1 月 20 日～ 1989 年 1 月 20 日）下定決心，從推高美元匯價、壓低原物料價格、耗盡蘇聯外儲、推動星戰計畫以拖垮蘇聯財政等手段，逐步摧毀蘇聯的經濟實力，最終擊垮此巨人，並讓世界從此進入單一的經濟發展體系。

為阻擋中國威脅美國經濟體系，川普極可能繼續要求中國讓步

從現今情況來看，在中國總體經濟已達美國 60% 的客觀情勢下（介於當年日本和蘇聯中間），除非中國放棄其具有中國特色的社會主義制度，打消推廣具其價值觀的「一帶一路」擴張方針，採取高度融入既有體系的路線（開放市場、減少管制、保護智財權和外匯自由化），否則和既有美國體系的衝突將難以緩解。

縱然美中兩國可能於 2020 年美國大選年暫時休兵，但隨著川普連任後已無壓力（屆時川普僅存歷史定位壓力，而歷史定位壓力反會促使政治人物去「做大事」）。這 2 年飽吃北京苦頭的川普，勢必不會放過機會，會採取更強硬的姿態來索求北京讓步。

川普對中國發動新一輪貿易戰的時間點，極可能在選後不久的 2021 年就開打；這是因為 2022 年美國要進行期中選舉（United States Midterm Election，即美國國會議員改選及地方選舉），雖然川普的政治壓力已經不大，但顧及黨內和諧，相信川普仍會盡量避開這個時間點。

在此情況下，相較於川普已無連任包袱，對於中國國家主席習近平來說，2021 年之後面臨的壓力卻是與日俱增！應對美國的全面攻勢，全面妥協的日本模式是不可能選擇的方向，但全面對抗的蘇聯模式也是政治自殺。而由於 2021 年，適逢中國共產黨建黨 100 週年；2022 年的「20 大」（第 20 屆中國共產黨全國代表大會），又攸關習近平能否順利完成空前的「連 3 任」國家最高領導人，習近平可說是處於內外交逼，北京維穩的壓力將異常巨大。

狀況 2》民主黨執政，恐扭轉減稅政策使美國邁向緊縮環境

在川普對中國發動全面貿易戰攻勢時，勢將對總體經濟和資本市場產生重大

衝擊。那麼問題來了，若是換由民主黨上台，是否局面就會不一樣呢？

若從貿易戰的觀點來看，目前華府圈的對中大戰略已漸趨一尊，差別只在於戰術的不同。共和黨信奉保守主義，採「單邊行動」，亦即應該以理念出發、主動出擊，以類似傳播福音的方式，讓其他夥伴國家起而效尤。

民主黨則偏好採行尋求各方協助的「多邊行動」，也就是「圍堵」戰略。兩方戰術的差別，若用古中國思維的比喻來看，共和黨戰術類似「連橫」（要求各國跟隨強國以制衡敵國），民主黨則類似「合縱」（聯合各國共同對抗敵國）。

但無論如何，如何讓中國「無害崛起」，使中國融入既有的國際體系之中，進而成為此國際秩序的捍衛者，已是美國兩黨的共識。

因此，民主黨上台對於美中關係的緩解，助益不大。甚至，為了避免落共和黨口實，民主黨總統於第 1 任期有很大可能性會採取更為強硬的態度。也就是說，民主黨上台，不見得緩和貿易戰，卻可能在新的戰場上開闢戰線——扭轉共和黨的減稅措施。

綜覽目前民主黨主要候選人，激進派如伯尼‧桑德斯（Bernie Sanders）、伊莉莎白‧華倫（Elizabeth Warren），都主張大幅度加稅來緩解貧富差距。

前者提出加徵富豪稅、並將遺產稅增加至 77%，後者則同樣主張富豪稅。

　　就算是較為溫和的派系如美國前副總統喬‧拜登（Joe Biden），也主張取消或檢討川普的減稅政策。由於挾主流民意潮流，通常總統大選年的國會，會和總統會屬同一政黨，亦即民主黨總統有機會享有完全執政的機會。

　　那麼，如同歐巴馬順利於第 1 任期推動健保、川普順利推動減稅一樣，民主黨在支持者民意驅動下，扭轉川普所施行的減稅案機率將是極高。這麼一來，來自財政端的緊縮，會對已處於風雨飄搖的總體經濟和資本市場遭受重擊。

景氣仍具延長的可能性，3 套劇本演練見招拆招

　　綜上所述，從基本面和選後政治層面來看，經濟和資本市場在 2021 年之後，將很難不走入新一輪的向下循環週期。不過世事無絕對，景氣擴張的進一步延伸，可能性永遠存在。接下來就要提供 3 個劇本來說明，在何種情況下，景氣有機會進一步延伸至 2021 年之後：

劇本1》中國走向開放，融入現有國際體系

　　最簡單的可能性之一，自然就是中國決定全面融入現有的國際體系之中，確實地進行體質改革、開放市場、遵守規則、成為強化和鞏固現有國際秩序的重

要推手。這麼一來，美國與中國，就有可能如當年美國與日本一樣，兩國重新進入長期穩定的雙邊關係，共同成為全球經濟增長的雙引擎。在這樣的情況下，景氣進一步的延伸，就會是水到渠成的事情。

劇本2》川普連任，展開新一輪減稅措施

純看美國內部來看，也有一些政治上面的可能性有機會讓景氣延伸。例如若川普連任，並於接下來的 2022 年期中選舉順利取得兩院多數，就有可能進行新一輪的減稅措施（例如將公司所得稅率進一步降低、廢除遺產稅等）。

劇本3》民主黨執政，但暫緩加稅政策

民主黨新總統若取得兩院多數，也可能選擇先擱置加稅政策，並推動擴大公共建設的計畫。而無論是減稅或是擴大基建計畫，都會有助於短期景氣的延伸和推升資本市場榮景。

總體來說，可以發現上述這些可能延長景氣的手段，都屬於強力的刺激措施，並不是非常容易達成。然而，如同川普這幾年下了許多猛藥，以求盡力延長景氣後期榮景一樣；未來當景氣擴張動能逐漸耗盡，若無進一步強力措施，是無法有效達成延伸景氣效用的。只要刺激無以為繼，景氣擴張的巨輪終將逐漸走緩、停止。

迎接新一輪景氣循環
勇敢投入股市增值財富

「冬天來了，春天還會遠嗎？」（If winter comes, can spring be far behind?）

——珀西·比希·雪萊（Percy Bysshe Shelley），

1819 年《西風頌》（Ode to the West Wind）

美國政治、貨幣和經濟週期循環造成的景氣寒冬，雖會讓市場一片低迷，悲觀氣氛籠罩，但這絕非世界末日。

甚至，這次衰退週期並不會是嚴峻的長期不景氣，美國經濟將會在很快的時間內，再度重拾增長動能。美國能夠重拾動能的原因在於：「再大的問題，以人類的智慧，都能得到解決，至少在經濟領域是如此。」

造成此波景氣向下轉折的 3 大主因：1. 市場泡沫、2. 政治環境惡化、3. 總

體經濟增長動能耗弱等問題，都將在轉折發生後的 1 年～ 2 年內得到緩解。

　　第 1 項市場泡沫問題當然最容易解決，因為只要股價大跌，泡沫水分自然消失，估值會逐漸貼近基本價值（甚至超跌）。而另外 2 項問題呢？看似困難，但其實也不難解決。

政治紛擾，將在新任美國總統任期內解決

　　先看共和民主兩黨的政治困境，若是唐納・川普（Donald Trump）再次連任，貿易戰的深化雖然可能造成資本市場和經濟受創，卻也不至於會重現經濟大恐慌。美國此次不再是出口國，而是全球最大進口國，因此在調整進口來源上雖難免陣痛，只要供應鏈再次轉移完成，對經濟和企業盈利的傷害就自然減低了。

　　中國景氣的下行，雖然必然在短期內嚴重拖累全球經濟增長（包含美國在內），但在供應鏈的重組過程中，同樣會有相當多的新興國家趁勢興起。這些新興經濟體，由於處於較早的經濟增長循環週期，因此會重新成為全球經濟的增長新動能。

　　此外，在美國和中國全面開戰的情況下，美國勢必交好其他國家；因此美國對中國的封鎖，可能會是對其他國家的加速開放和融合（例如 2019 年美中貿

易談判觸礁時，美日貿易談判卻進展順利）。

無論民主黨或共和黨上台，美國對中國的進一步施壓將是長期國策；而隨著全球經濟走入嚴峻衰退，兩相影響下，對中國更將產生巨大衝擊。

從中國的角度來看，最危急的時刻，也可能會帶來長線最佳的改革契機——無論是主動（現有政權做出改革）或被迫（政權更迭轉向開放）。依照中國現在的經濟成就，絕對難以重回以往的「鎖國」或「大鍋飯」時期；而是必須更加迎合國際社會，堅定改革開放路線。這將有機會讓中國經濟脫胎換骨，縱然經濟增長可能降速，但也將讓經濟體不再處於失衡的增長結構，而是進入中等收入國家的長期穩定增長。

美國若是民主黨上台，加稅措施造成的景氣下行衝擊，會讓當局產生相當大的壓力——特別是 2022 年的期中選舉（United States Midterm Election，即美國國會議員改選及地方選舉）到來，這點對於連任的川普也一樣。貿易戰若於 2020 年選後開始惡化，那麼美國景氣逐步好轉的契機，將落在 2022 年年中左右。

當然，同樣是面臨期中選舉，欲競選連任的民主黨總統，壓力會比第 2 任期的川普大了許多。因此，若非對減稅改弦易轍（例如延後施行加稅政策），就

是會利用增加財政支出或福利來支撐經濟。

　　最後，經濟若因為貿易戰紛擾或是加稅衝擊而走入衰退，也勢將進行對應的貨幣政策。無論是降息甚至再次進行 QE（量化貨幣寬鬆），都是可以預期的對策。由於日本已做過多年試驗，在最壞的情況下，美國聯邦準備理事會（The Federal Reserve System，Fed，以下簡稱聯準會）甚至可採行利用 QE 直接購進股票指數 ETF，將流動性直接注入資本市場之中。

　　也就是說，2021 年無論是民主黨或共和黨上台，貿易和財稅上的短線衝擊，多半可以在 2022 年～ 2023 年間，經由外貿、財政和貨幣層面逐步緩解，而景氣也可望在低基期下重回復甦。當然，高漲股價的回歸，以及解決政治層面的紛擾，都是景氣循環恢復動能的助力。但最核心的，還是總體經濟的失速，能否重新回到加速的軌道。

學貸造成的消費力低落，解決並不困難

　　6-2 提到，由於龐大學貸造成的消費力降低問題，會在景氣出現下行循環時徹底爆發。然而，這並不是無法解決的死局。觀察美國各類民間債務占比來看，如果 2008 年占比達 7 成的房屋抵押貸款都能順利解決，那麼規模僅不到 1/6 的學貸，沒有道理會造成長期困境（詳見圖 1）。

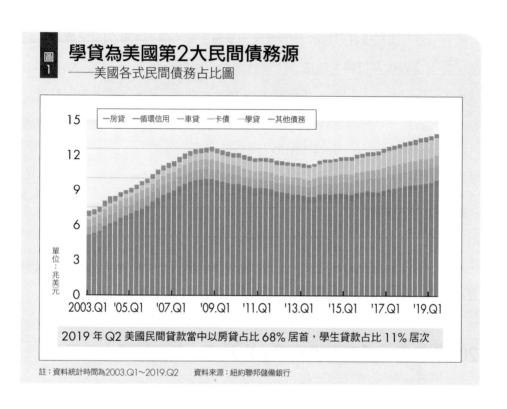

圖 1 學貸為美國第2大民間債務源
——美國各式民間債務占比圖

一房貸 一循環信用 一車貸 一卡債 一學貸 一其他債務

單位：兆美元

2003.Q1　'05.Q1　'07.Q1　'09.Q1　'11.Q1　'13.Q1　'15.Q1　'17.Q1　'19.Q1

2019 年 Q2 美國民間貸款當中以房貸占比 68% 居首，學生貸款占比 11% 居次

註：資料統計時間為2003.Q1～2019.Q2　　資料來源：紐約聯邦儲備銀行

　　針對未來可能爆發的學貸問題，目前美國社會已經有多項改善方案正廣泛討論中，從全面減免、部分減免、減免利息到債務重組等，不一而足。當然，由於問題尚未到達爆發臨界點，因此處理上無迫切性，自然沒有形成共識。2021 年後，若問題變得一發不可收拾，兩黨達成共識的可能性就大得多了。一定程度的債務減免或是利息補助，將是勢在必行，這將大幅減輕債務人的壓力，並且降低整體違約率。

此外，由於這些學貸是由政府所擔保，本質上非常類似當年的兩房債券（編按：美國 2 大房屋抵押貸款債券，發行機構分別為房利美（Fannie Mae）、房地美（Freddie Mac））。因此，適度重整包裝後，也可由聯準會以量化寬鬆的方式買進，並將得到的利息交付給美國政府，政府就可利用這些資金來進行前述的補貼行為，同時為市場注入流動性。

此類「學生債務紓困」（student loan bailout）手段的成效，將會相當良好，因為大部分高知識分子的主觀違約誘因相對較低。只要景氣略微恢復，就業市場好轉，收入重回穩定的局面後，這些調降後的債務將不再成為問題，整體學貸占 GDP 比重，可望逐漸降回健康的可增長水準（詳見圖 2）。

2020 年代「生產擴張循環」未結束，美國經濟必將再起

貿易戰與政治紛擾、貨幣決策、以及結構性學貸問題都得到解決後，美國景氣是否就能如願復甦？相信大家在讀過第 2 課（復甦期）後，心中已經有譜了。接下來，我要進一步帶你從更大的歷史框架下來看，為什麼整個 2020 年代，雖然在初期會有一些逆風，不過整體來看，仍是一個擴張的世代呢？這就要回到第 1 課曾提到的──我們仍然處於 1 個極大的生產力擴張循環之中。

觀察歷年 GDP 研發項目支出總額（Real Gross Domestic Product: Research

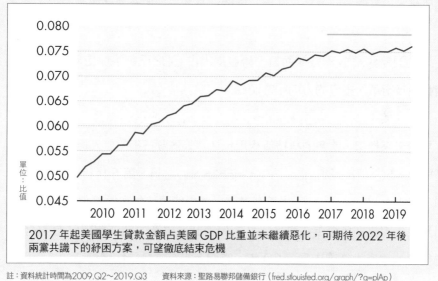

 2017年起美國學貸惡化情況有所緩解
——美國學生貸款金額／美國GDP變化

2017年起美國學生貸款金額占美國GDP比重並未繼續惡化，可期待2022年後兩黨共識下的紓困方案，可望徹底結束危機

註：資料統計時間為2009.Q2～2019.Q3　資料來源：聖路易聯邦儲備銀行（fred.stlouisfed.org/graph/?g=plAp）

and Development）占整體GDP（Real Gross Domestic Product）比值，在生產力增長帶動的景氣擴張循環中，這項比值皆呈現長期上行趨勢（詳見圖3）。

而到了通膨增長週期時，這項指標就會出現下滑或裹足不前的情況。

唯一比較例外的是在1990年代初期曾經出現下滑趨勢，這主要是受到第1

次波斯灣戰爭影響，導致美國出現短暫停滯性通膨（並引發小幅經濟衰退）所致。但隨著戰爭結束，油價大跌，加上美國網路和通訊科技開始蓬勃發展，整體研發支出又開始回復成長軌道，總體經濟並未切換至通膨擴張循環主軸。

以 2019 年第 3 季數據而言，研發支出占 GDP 已創下歷史新高，整體經濟增長由技術革新主導的方向相當明確。

展望未來幾年，諸多的科技新應用包括無人駕駛技術（無人機、無人汽車）、電動車、5G（The 5th generation mobile networks，第 5 代行動通訊網絡）、AI（Artificial Intelligence，人工智慧）、再生能源、生產自動化、雲端服務等，可預見仍將是多年發展主軸。因此，儘管此次生產力擴張週期已逾 10 年，但過往 2 次生產力循環皆長達 20 年，時間上尚有充分餘裕繼續延伸！

進入新一輪生產力增長循環後半期，勇於尋找投資良機

由於 2020 年代初期的這次景氣下行調整，是處於生產力擴張循環大框架當中的中期調整；資本市場回落的幅度，將不會如同從生產力擴張循環過渡到通膨擴張循環，或是通膨擴張循環結束時那麼凶猛。

因此此次景氣短暫衰退期間，在投資布局上，無論市況有多麼凶險，投資人

歷次生產力擴張循環，研發支出是經濟發展主軸
——美國實質研發總額／GDP總額變化

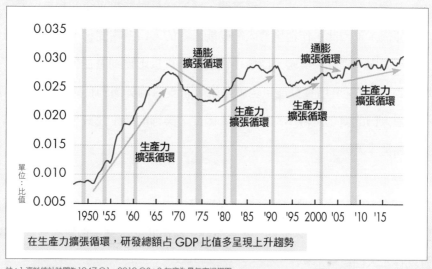

在生產力擴張循環，研發總額占 GDP 比值多呈現上升趨勢

註：1.資料統計時間為1947.Q1～2019.Q3；2.灰底為景氣衰退期間
資料來源：聖路易聯邦儲備銀行（fred.stlouisfed.org/graph/?g=plld）

心態要保持勇敢積極的態度，逢低找尋良好的投資契機。展望 2021 年之後的
景氣擴張循環，大致可以分為 3 個週期：

週期 1》 2021 年～ 2025 年：生產力擴張循環後期。

週期 2》 2025 年～ 2030 年：從生產力擴張循環過渡到通膨擴張循環。

週期 3》2030 年之後：通膨擴張循環。

由於美國是全世界最大的內需經濟體，經濟增長動能幾乎全仰賴美國國內，而非外部需求，因此，作為重要內需動能來源的人口結構變化，就會深深影響到大趨勢方向。畢竟，美國人口增速快慢，會直接影響到潛在勞動力增長，進而影響到潛在 GDP 增長動能。也就是說，若要討論美國的長線經濟趨勢，不審視美國人口的變化是得不到答案的。因此，美國的新生兒數字，洩漏相當多極長線趨勢「天機」！

第 1 課曾和大家介紹過，景氣擴張循環可能由「通膨」和「生產力」增長所拉動（詳見 1-2）；接下來要進一步告訴你，建構此 2 大擴張循環的根本因素，關鍵就在「人口結構」。

當新生兒的數量增加，就長線而言，對於經濟發展是好事。除了在養育子女的過程中，會新增相關消費需求外；更重要的是，當嬰兒長大成人，加入社會的勞動力大軍，就可以貢獻總體經濟產值（無論是藉由納稅、消費或投資）。

但是，從嬰兒出生到成年做出經濟貢獻，需要一段時間才能發揮效用。從歷史經驗來看，第 2 次世界大戰後，一共出現 3 次嬰兒潮（詳見圖 4）。第 1 次就是大家熟知的「戰後嬰兒潮」；第 2 次則是當這些戰後嬰兒潮主力進入養

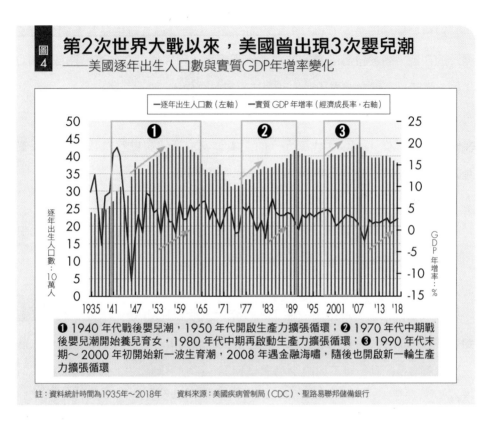

圖4 第2次世界大戰以來，美國曾出現3次嬰兒潮
——美國逐年出生人口數與實質GDP年增率變化

❶ 1940年代戰後嬰兒潮，1950年代開啟生產力擴張循環；**❷** 1970年代中期戰後嬰兒潮開始養兒育女，1980年代中期再啟動生產力擴張循環；**❸** 1990年代末期～2000年初開始新一波生育潮，2008年遇金融海嘯，隨後也開啟新一輪生產力擴張循環

註：資料統計時間為1935年～2018年　　資料來源：美國疾病管制局（CDC）、聖路易聯邦儲備銀行

育兒女的階段後，加上景氣榮景期帶動生育率再次爬升；第3次則是當這些嬰兒潮世代的子女再度進入養育子女週期，以及生育率相對較高的中南美洲移民大量移入美國，帶動第3波生育高峰。

由此觀之，美國的新生兒增長，有其週期性消長規律存在。

若對照嬰兒潮與美國 GDP 增速之間的關係，會發現當新生兒數量開始顯著爬升的初期，對於拉動經濟的效益並不那麼大，但大概就在生育潮開啟的 10 年後，整體景氣就會進入長期生產力成長榮景之中。

例如嬰兒潮從 1940 年代展開，而美國戰後（第 2 次世界大戰）第 1 波生產力增長帶動的經濟榮景就從 1950 年代揭開序幕。

第 2 波新生兒高峰則在 1970 年代中期展開，而大約在進入 1980 年代中期美國也進入第 2 次生產力擴張循環榮景。

第 3 波嬰兒出生高峰則出現在 1990 年代末期，10 年後美國經濟雖一度遭到 2008 年的慘烈金融海嘯襲擊，但也很快地進入第 3 波生產力擴張循環。這一波經濟增長的動能雖不如前 2 個景氣週期，卻創下美國史上最長經濟擴張期迄今。

嬰兒潮後 25 年～ 40 年，多會進入通膨擴張循環

為什麼當進入新生兒增長週期之後 10 年，景氣動能會開始顯著加速呢？這是因為，當孩子進入到求學的階段之後，會開始發揮較大的經濟影響力；舉凡就學、醫療、戶外活動、飲食、運動、娛樂、衣著等需求都會開始逐年提升。

每個世代的年輕人，會有新的次世代文化成形，在融入主流過程中也會激化原社會和經濟體的創新動能。從 10 歲～ 25 歲這段過程，大幅增加的年輕人會持續不斷地貢獻內需增長，這也是為什麼生產力週期循環經濟增長，能夠在此階段蓬勃發展。

這樣的消費力，最終會在 25 歲～ 40 歲時達到顛峰！因為，在這段期間，絕大多數的美國人會進入「消費性貸款」、「買車」和「買房」階段。

大量利用債務槓桿來進行商品、耐久財與地產消費，會耗盡這年齡層大部分人的財富（甚至提前透支）。擴大的家庭槓桿會讓消費市場欣欣向榮，並直接回饋到商品市場和房地產。

這也是為什麼嬰兒潮後 25 年～ 40 年間，會進入通膨循環。例如嬰兒潮啟始於 1940 年代，而通膨週期火苗從 1960 年代中期逐漸成形，並在 1970 年代達到高峰；第 2 次新生兒增長起始於 1970 年代中期，剛好約莫 25 年之後的 2006 年～ 2007 年，亦出現世紀房地產大泡沫和通膨盛況（詳見圖 5）。

2020 年後迎來生產力擴張循環末期，美股可望再創高點

由此推演，大概可以得知，未來 10 年～ 30 年的景氣循環週期，同樣會緊

扣人口趨勢的自然演進。如圖 4 所示，1990 年代尾聲，美國進入新一輪新生兒增長循環，為期約 10 年。

　　這一批新生兒連動的消費動能，會在進入 2020 年開始顯著升溫；雖然可能一度會被前文所述的「學貸」風暴所抵銷，但這只會是短期的現象；只要景氣自然落底後，這波消費增長動能，將持續增長至 2025 年之後。

　　值得注意的是，從 2020 年後啟動的這段生產力擴張循環後段，若歷史經驗可信，可望帶來「10 倍數增長」；參考股市於 2009 年的低檔位置，道瓊工業平均指數可能會在此波週期循環末期，飆升到接近 6 萬～ 7 萬點的位置（S&P 500 指數則是 7,000 ～ 8,000 點）。

　　因此，未來 10 年新一輪景氣循環，投資人還是要勇敢投入股市，以免錯過這個人生最重要的財富增值時期。

2030 年後將進入通膨擴張循環，房產榮景再起

　　到了 2025 年～ 2030 年間，由於這波出生潮的年齡層已經逐漸步入 30 而立之年，因此消費動能將會逐漸轉向大量信用消費、汽車家電（大型耐久財）、房地產等，將會逐漸鞏固長期通膨增長趨勢。

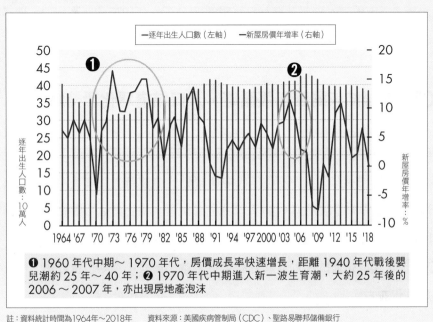

圖5 2次嬰兒潮後25年～40年,皆出現房地產泡沫
——美國逐年出生人口數與新屋房價年增率變化

逐年出生人口數(左軸)　新屋房價年增率(右軸)

逐年出生人口數:10萬人

新屋房價年增率:%

1964 '67 '70 '73 '76 '79 '82 '85 '88 '91 '94 '97 2000 '03 '06 '09 '12 '15 '18

❶ 1960 年代中期～1970 年代,房價成長率快速增長,距離 1940 年代戰後嬰兒潮約 25 年～40 年;❷ 1970 年代中期進入新一波生育潮,大約 25 年後的 2006～2007 年,亦出現房地產泡沫

註:資料統計時間為1964年～2018年　　資料來源:美國疾病管制局(CDC)、聖路易聯邦儲備銀行

　　必須留意的是,由於這段時期將是生產力循環的收尾,也會是資本市場出現「大泡沫」的時間點。2025 年～2030 年間,當生產力增長循環告終,股市必然出現較大的回檔整理(>30%),提醒市場準備進入下一個時代——股市相對不再獨強!屆時,投資人必須懂得不再獨尊股市,適度將資產配置至實體標的,以避免股市大泡沫破裂的重傷害。

2030 年之後,當股市大型修正結束,美國將正式進入「通膨擴張循環」,股市也將進入「慢牛」長多格局,而房地產則將再度迎來大榮景,原物料和金融創新將捲土重來。聯邦基準利率可望創下 2006 年以來的新高水位,連帶將債市打入長空。

2035 年後結束通膨擴張循環,人口結構惡化恐持續

值得注意的是,戰後嬰兒潮長達 25 年的新生兒大增,帶來 1970 年代約 12 年的通膨增長榮景。1970 年代中期啟動的這波新生兒增長潮,大約為期 15 年,則是帶來 2000 年代約 7 年的通膨榮景。據此推估,由於 1990 年代末所啟動的此波新生兒增長潮,時間和前兩次增長潮相比,顯得較為短促(僅 10 年),因此這波的房地產和通膨榮景也會小一些,為期也會較短,估計約莫是 5 年左右。

當通膨擴張循環結束,市場就會進入人口結構惡化的調整期(對應的是 2009 年後啟動的新生兒銳減潮);此時所有的風險資產,包含股市、房市及原物料市場都會出現大崩盤,程度恐將比擬 1929 年經濟大恐慌或 2008 年金融海嘯!

而 2035 年之後的景氣呢?就目前現有數據,沒有辦法做較明確的推估。因

為新生兒衰減循環截至 2018 年，都還沒有扭轉跡象。若未來此數據開始落底回溫，就可以推斷新一輪生產力成長循環能良好啟動（往後加 10 年～ 15 年）。

目前來看，此波 2009 年啟動的新生兒衰減潮，已勝過過去 2 次衰減潮（1960 年代中期與 1990 年代初期）；若未來衰減沒有辦法盡快扭轉，那幾乎可以預見，2035 年之後的景氣低迷將是既深且長。

對此，由於目前與我一樣的青壯年一輩（30 歲～ 45 歲）退休時程大約就會落在此時，因此在財務規畫上須特別留意，把握未來 10 年～ 15 年的黃金投資期，及早做好人生重要的理財準備！

從每年GDP年度修訂
解讀美股來年趨勢

　　在了解了景氣循環的各週期樣貌，和對應的投資策略後，展望未來，相信大家都能「以簡馭繁」，讓投資從此成為幫助自己和家庭財富增長的最佳利器；更重要的是，我在第 2 本著作《道瓊 3 萬點：你不可錯過的世紀大行情》所提到的「優雅的幸福投資學」，將真正成為伴隨大家一輩子的美好願景！

　　過去 2 本著作，最後結語我都提供了「大道至簡」的投資小心法。本書最後同樣照例要提供一個非常簡單、可以判斷美股來年趨勢的好工具，那就是從美國每年例行的「GDP 年度修訂」來找線索。

　　美國經濟分析局（Bureau of Economic Analysis，簡稱 BEA）每年大致會在 7 月～ 8 月，進行多年期回溯數據修訂，由於是跨年度回溯，因此數值通常會有較大的變動。從歷史經驗來看，這項變動對於資本市場的影響極其巨大。

　　過去 9 年，各年度修訂前後的數值調整狀況都不相同，GDP 若是向下修訂，

意味總體經濟增長不若原值那麼好；反之，若是向上修正，意味總體經濟擴張的規模超乎預期（詳見表 1、圖 1）。

由於美國股市高度和總體經濟連動，這樣的修訂自然有著重大意義！只要根據 GDP 的向上或向下修訂，去預測往後半年的美股走勢，勝率是 100%！且其股市走勢還會大致符合 GDP 修訂的強弱來變動，亦即若修訂變動幅度較小，相對的股市波動也會較小；反之，若修訂變動較大，股市則會出現較大的波動。

近 8 年美股走勢與 GDP 年增率變化吻合

例如 2011 年將過往連續 3 年 GDP 年增率都下調 0.4%，這影響程度相當巨大，因此公布後半年，美股就迎來近 2 成較大的修正。

2012 年 GDP 並無變動，股市也就維持原有緩漲格局不變。

2013 年總額 1 次調升 3%（新增納入智慧財產權投資等項目），等於是美國平白多 1 年 GDP 增長，反映到股市上則是大牛走勢。

到了 2014 年，雖然是向下修訂，但幅度相當小，僅小幅調降 0.1%（過往 3 年），雖仍舊造成近 10% 回檔，但和 2011 年相比，衝擊就小了很多。

表1
若GDP向上修正，則總體經濟擴張的規模超乎預期
——2011年～2019年美國例行性GDP修訂前後差異

年度	GDP調整幅度（%）	修訂前後差異	對應圖1美股走勢
2011	-0.40	過去3年平均成長率調降	❶公布調降後半年，美股修正近2成
2012	0.00	未變動	❷GDP不變，股市維持原有緩漲格局
2013	3.00	總額調升	❸相當於多1年GDP增長，隨後股市走入多頭
2014	-0.10	過去3年平均成長率調降	❹GDP向下微幅調整，股市小幅回檔
2015	-0.30	過去3年平均成長率調降	❺GDP繼續下修且幅度擴大，美股於半年內2度下跌將近2成
2016	0.10	過去3年平均成長率調升	❻GDP上調，美股逐漸揚升
2017	0.16	總額調升	❼GDP再上調，美股續揚
2018	0.10	1990年～2017年平均成長率調升	❽歷年GDP上調，美股一度下跌後續走多頭
2019	0.18	總額調升	❾GDP調升，美股持續創新高

資料來源：美國經濟分析局（BEA）

　　到了 2015 年，再度出現向下修訂，但此次幅度再度擴大來到 0.3%（過往 3 年），規模直逼 2011 年的修訂，導致的後果就是美股於接下來半年內再度出現連 2 次的將近 2 成波段跌挫。

　　到了 2016 年，總算迎來了向上修訂，也順利將美股重新拉回大多頭走勢。隨後的 2017 年、2018 年、2019 年都是向上修訂，而美股也一路揚升，不

GDP年度修訂值公布後，美股隨即反映其趨勢
——美國道瓊工業平均指數走勢圖

註：資料統計時間為2011.03.18～2019.11.25　　資料來源：XQ全球贏家

斷創高迄今。

由此觀之，縱然市場總將 GDP 當成落後指標，但就算是等到修訂值公布後
再進行操作布局的調整，以半年～1 年角度來看，仍是非常準確且有效的！

因此，每年到 7 月時，務必仔細端詳 BEA 所公布的 GDP 修正值變化（www.

bea.gov/data/gdp/gross-domestic-product）。當然，未來我也會持續在雜誌專欄及部落格（Blog），和大家分享此數據的重要變化。最後，祝福大家都能以最簡單、優雅的方式，征服股海，順利在多變的市場中，掌握趨勢，穩定獲利！

愛榭克（Izaax），2019 年 11 月 25 日

國家圖書館出版品預行編目資料

景氣循環投資 / 愛榭克著. -- 一版. -- 臺北市：Smart
智富文化, 城邦文化, 2019.12
　　面；　公分
ISBN 978-986-98244-4-6(平裝)

1.景氣循環 2.投資分析

551.9　　　　　　　　　　　　　　　108018842

Smart 智富
景氣循環投資

作者	愛榭克（Izaax）
企畫	黃嫈琪

商周集團	
執行長	郭奕伶

Smart 智富	
社長	林正峰（兼總編輯）
總監	楊巧鈴
編輯	邱慧真、施茵曼、林禺盈、陳婕妤、陳婉庭 蔣明倫、劉鈺雯
資深主任設計	張麗珍
版面構成	林美玲、廖洲文、廖彥嘉

出版	Smart 智富
地址	115 台北市南港區昆陽街 16 號 6 樓
網站	smart.businessweekly.com.tw
客戶服務專線	（02）2510-8888
客戶服務傳真	（02）2503-6989
發行	英屬蓋曼群島商家庭傳媒股份有限公司城邦分公司

製版印刷	科樂印刷事業股份有限公司
初版一刷	2019 年 12 月
初版十九刷	2024 年 05 月
ISBN	978-986-98244-4-6

Smart 智富 讀者服務卡

為了提供您更優質的服務，《Smart 智富》會不定期提供您最新的出版訊息、優惠通知及活動消息。請您提起筆來，馬上填寫本回函！填寫完畢後，免貼郵票，請直接寄回本公司或傳真回覆。Smart 傳真專線：（02）2500-1956

1. 您若同意 Smart 智富透過電子郵件，提供最新的活動訊息與出版品介紹，請留下電子郵件信箱：_____

2. 您購買本書的地點為：□超商，例：7-11、全家
   □連鎖書店，例：金石堂、誠品
   □網路書店，例：博客來、金石堂網路書店
   □量販店，例：家樂福、大潤發、愛買
   □一般書店

3. 您最常閱讀 Smart 智富哪一種出版品？
   □ Smart 智富月刊（每月 1 日出刊）　　□ Smart 叢書　　□ Smart DVD

4. 您有參加過 Smart 智富的實體活動課程嗎？　□有參加　　□沒興趣　　□考慮中
   或對課程活動有任何建議或需要改進事宜：_____

5. 您希望加強對何種投資理財工具做更深入的了解？
   □現股交易　　□當沖　　□期貨　　□權證　　□選擇權　　□房地產
   □海外基金　　□國內基金　　□其他：_____

6. 對本書內容、編排或其他產品、活動，有需要改善的事項，歡迎告訴我們，如希望 Smart
   提供其他新的服務，也請讓我們知道：_____

您的基本資料：（請詳細填寫下列基本資料，本刊對個人資料均予保密，謝謝）

姓名：_____　　性別：□男 □女

出生年份：_____　　聯絡電話：_____

通訊地址：_____

從事產業：□軍人　□公教　□農業　□傳產業　□科技業　□服務業　□自營商　□家管

您也可以掃描右方 QR Code、回傳電子表單，提供您寶貴的意見。

想知道 Smart 智富各項課程最新消息，快加入 Smart 自學網 Line@。

●填寫完畢後請沿著右側的虛線撕下。

書號：WBSI0089A1
書名：**景氣循環投資**